ALFONS SCHUHBECK

mal so, mal so

MEINE FLEXITARISCHE KÜCHE

Flexitarisch – i werd narrisch

Interview von Rudolf Bögel

Flexitarisch, das hört sich ja narrisch interessant an, aber was müssen wir uns unter einer flexitarischen Küche jetzt genau vorstellen, Herr Schuhbeck?

Das ist ganz einfach. Ich koch mal so und mal so. Mal vegetarisch und mal mit Fleisch. Flexibel halt, je nachdem, wer grad zum Essen kommt. Ob ein Vegetarier oder die typische Fleischkatze — bei mir kriegt ein jeder was Gschmackiges.

Was ist denn dann ein Flexitarier?

Das ist quasi ein Teilzeitvegetarier oder Wochenend-Fleischesser…

Der Trend geht ja insgesamt eher zum Vegetarischen?

Ja, vor allem bei Jugendlichen und bei den Frauen. Aber auch viele Ältere sagen: Ich muss nicht mehr so viel Fleisch essen, zumindest nicht an jedem Tag. Ist ja auch gesünder.

Der Trend ist ja Ihr Freund, Herr Schuhbeck. Auf diese Weise ist dann auch ein eingefleischter bayerischer Koch auf die Idee gekommen, flexibel vegetarisch, also flexitarisch zu kochen?

Geh, die flexitarische Küche kommt ja aus Bayern, die ist hier quasi geboren. Früher hat es doch nur am Sonntag einen Sonntagsbraten gegeben, deswegen heißt er auch so. Unter der Woche sind Kartoffeln und Mehlspeisen auf den Tisch gekommen, und am Freitag hat man aus religiösen Gründen höchstens einen Fisch von der Gräte gefieselt.

Heute vegetarisch, morgen mit Fleisch — diese Art der flexitarischen Küche leuchtet uns ja ein, aber was ist, wenn man gleichzeitig für Vegetarier und Fleischesser kochen muss, das ist ja wahnsinnig aufwendig. Da muss man immer zwei verschiedene Gerichte machen?

Nicht verzagen, Schubi fragen. Für diesen Fall gibt es meine Koch-Duette. Also dasselbe Gericht auf zweierlei Arten. Der eine kriegt halt sein Schaschlik mit Schweinefilet und Bratwurst, der andere einen Gemüsespieß mit Zucchini und Ananas! Den Fleischesser verwöhne ich mit einem saftigen Rindergulasch und den Vegetarier mit einem knackigen Kartoffelgulasch. Für den einen fülle ich die Paprikaschoten mit Hackfleisch, für den anderen mit Reis. Mal so und mal so, des schmeckt beides so gut, dass der ein oder andere vielleicht sogar kurzfristig die Fronten wechselt. Und unabhängig davon: An Schubis flexitarischer Tafel finden alle ihr Platzl.

Wie vegetarisch ist vegetarisch bei Ihnen eigentlich?

Bei mir ist vegetarisch hundertprozentig vegetarisch. Das heißt Eier und Milch ja, Fleischbrühe nein, und Fleisch und Fisch sowieso nicht.

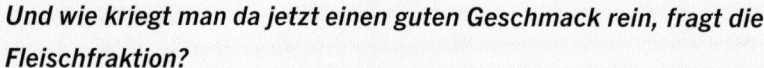

Und wie kriegt man da jetzt einen guten Geschmack rein, fragt die Fleischfraktion?

Die vegetarische Küche ist deswegen so spannend, weil sie keine Grenzen kennt: Curry aus Indien, Gewürze von den Molukken, Getreide aus Südamerika, Soja und Reis aus China — da ist der Geschmack der ganzen weiten Welt drin. Das ist von Haus aus schon gut. Noch besser wird es höchstens, wenn ein kleiner bayerischer Koch da noch einen Touch bayerische Heimat hineineinbringt.

1

Vegetarisch

Rote-Bete-Carpaccio
mit gebackenen Schwarzwurzeln

4 PERSONEN

FÜR DAS CARPACCIO

je 1 TL ganzer Kümmel, schwarze
Pfeffer-, Koriander- und Pimentkörner sowie ¼–½ TL Zimtsplitter
für die Gewürzmühle
350 ml Gemüsebrühe
1 kleine getr. rote Chilischote
2 Knoblauchzehen (in Scheiben)
4 Scheiben Ingwer
3 EL Rotweinessig
1 Spritzer Zitronensaft
Salz · Zucker
400 g gegarte Rote Beten
(vakuumverpackt)
2 EL Öl

FÜR DIE CREME

150 g Crème fraîche
1–2 TL Orangensaft
1 Msp. abgeriebene unbehandelte
Orangenschale
1 TL Orangenblütenwasser
(aus Apotheke oder Internet)
1–2 TL mildes Olivenöl
Salz · Pfeffer aus der Mühle
Zucker

FÜR DIE
SCHWARZWURZELN

4 Schwarzwurzeln (etwa 20 cm lang,
1 ½–2 cm Durchmesser, à 60–70 g)
1–2 EL Zitronensaft · Salz · 1 Ei
mildes Chilisalz
80 g fertige Strudelteigblätter
3 EL doppelgriffiges Mehl
(Wiener Grießler)
Öl oder Frittierfett zum Ausbacken

ZUBEREITUNG

1   Für das Carpaccio Kümmel, Pfeffer-, Koriander- und Pimentkörner sowie Zimt in eine Gewürzmühle füllen. Die Brühe in einem kleinen Topf aufkochen. Nach Belieben 1 bis 2 TL Speisestärke mit wenig kaltem Wasser glatt rühren, in die Brühe geben und köcheln lassen, bis diese sämig bindet. Noch etwa 2 Minuten köcheln lassen, dann vom Herd nehmen und Chilischote, Knoblauch und Ingwer hinzufügen. Den Essig und Zitronensaft unterrühren und die Marinade mit Salz und 1 Prise Zucker kräftig würzen.

2   Die Roten Beten in 2 bis 3 mm dicke Scheiben schneiden und in einer Auflaufform verteilen. Vorsichtig mit der Marinade mischen, zuletzt das Öl hinzufügen und alles mindestens 1 Stunde, besser über Nacht, ziehen lassen.

3   Für die Creme die Crème fraîche mit Orangensaft und -schale, Orangenblütenwasser und Olivenöl glatt verrühren. Mit Salz, Pfeffer und 1 Prise Zucker würzen. Die Creme in einen Einwegspritzbeutel füllen und beiseitelegen.

4   Die Schwarzwurzeln unter fließendem kaltem Wasser gründlich waschen, schälen, jeweils in 2 bis 4 Stücke schneiden und sofort in Zitronenwasser legen (dafür 1 l Wasser mit dem Zitronensaft mischen, dabei am besten mit Einweghandschuhen arbeiten). Anschließend die Schwarzwurzeln abgießen und in kochendem Salzwasser je nach Dicke 4 bis 5 Minuten bissfest garen. Dabei dünnere Stücke etwa 2 Minuten später dazugeben. Die Schwarzwurzeln in ein Sieb abgießen, kalt abschrecken und abtropfen lassen.

5   Das Ei verquirlen und mit Chilisalz würzen. Den Strudelteig in 1 bis 3 mm dünne Streifen schneiden. Das Mehl in einen tiefen Teller geben. Die Schwarzwurzeln im Mehl wenden, durch das verquirlte Ei ziehen, kurz abtropfen lassen und jeweils mit Strudelteigstreifen umwickeln. Das Öl in einem hohen Topf oder der Fritteuse auf 170 °C erhitzen. Die Schwarzwurzeln darin rundherum 2 bis 3 Minuten ausbacken. Herausnehmen, auf Küchenpapier abtropfen lassen und mit etwas Salz würzen.

6   Die Rote-Bete-Scheiben aus der Marinade nehmen und überlappend auf Tellern anrichten. Die Orangenblütencreme mit dem Spritzbeutel über die Roten Beten träufeln, dafür von diesem unten eine kleine Spitze abschneiden. Die Schwarzwurzeln daraufsetzen und alles nach Belieben mit Salatblättern oder Kresse garnieren.

TAUSCHTIPP

Zum Rote-Bete-Carpaccio passt auch ein Meerrettichdip sehr gut. Dafür die Creme einfach mit 1 TL Sahnemeerrettich zusätzlich mischen und statt mit Schwarzwurzeln mit grob gehackten Walnusskernen bestreuen.

Rote-Bete-Frischkäse,
Kartoffelkäse und Pesto-Hummus

FÜR DEN ROTE-BETE-FRISCHKÄSE
CA. 350 G

250 g Frischkäse (Doppelrahmstufe)
3 EL Milch (nach Bedarf)
1–2 TL Sahnemeerrettich
½ vorgegarte Rote Bete (vakuumverpackt)
1–2 EL zerlassene braune Butter
(wieder etwas abgekühlt;
siehe Tipp Seite 28)
mildes Chilisalz
Pfeffer aus der Mühle

FÜR DEN KARTOFFEL-KÄSE
CA. 500 G

400 g vorwiegend festkochende
Kartoffeln · Salz
1 Zwiebel · 2 EL Butter
je 1 TL Koriander- und schwarze
Pfefferkörner sowie ganzer Kümmel
für die Gewürzmühle
200 g saure Sahne
4 EL zerlassene braune Butter
(wieder etwas abgekühlt)
mildes Chilisalz · getr. Majoran
frisch geriebene Muskatnuss
2 EL Schnittlauchröllchen

FÜR DEN PESTO-HUMMUS
CA. 500 G

170 g Kichererbsen (aus dem Glas)
3–4 Eiswürfel (je nachdem, wie stark
die Kichererbsen Flüssigkeit aufnehmen, mehr Eis oder Wasser)
1 TL Zitronensaft
½ TL mildes Chilisalz
2 EL helles Tahin (Sesampaste)
1 Rezept Pesto (siehe Seite 150
und Tipp)

ZUBEREITUNG

1   Für den Rote-Bete-Frischkäse den Frischkäse in einer Schüssel mit Milch glatt verrühren und den Meerrettich untermischen. Die Rote Bete in etwa ½ cm große Würfel schneiden oder auf der Gemüsereibe grob raspeln (dabei am besten mit Einweghandschuhen arbeiten!) und unter die Frischkäsemischung rühren. Die zerlassene braune Butter dazugeben und gleichmäßig unterrühren, zuletzt den Frischkäseaufstrich mit Chilisalz und Pfeffer würzen.

2   Für den Kartoffelkäse die Kartoffeln waschen und mit Schale in Salzwasser weich garen. Abgießen und kurz ausdampfen lassen, möglichst heiß pellen und durch die Kartoffelpresse in eine Schüssel drücken. Die Zwiebel schälen und in feine Würfel schneiden. Die Butter in einer Pfanne zerlassen und die Zwiebelwürfel darin bei milder Hitze hell anbraten. Koriander, Pfeffer und Kümmel in eine Gewürzmühle füllen. Die Zwiebelwürfel mit saurer Sahne und brauner Butter zu den Kartoffeln geben und alles gut verrühren. Den Kartoffelkäse mit Chilisalz und je 1 Prise Majoran und Muskatnuss sowie der Mischung aus der Gewürzmühle würzen. Zuletzt die Schnittlauchröllchen unterrühren.

3   Für den Pesto-Hummus die Kichererbsen in einem Sieb abbrausen und abtropfen lassen. Anschließend in ausreichend Wasser noch etwa 30 Minuten garen, damit sie weicher werden. In ein Sieb abgießen, abtropfen und abkühlen lassen. Die Eiswürfel etwas antauen lassen und zerstoßen. Dann die Kichererbsen im Blitzhacker grob pürieren (damit keine Klümpchen entstehen). Die Eiswürfel nach und nach zu den pürierten Kichererbsen geben und alles so lange mixen, bis eine cremige Paste entstanden ist. Dabei das Tauwasser von den Eiswürfeln ebenfalls verwenden. Den Zitronensaft mit dem Chilisalz verrühren und unter das Kichererbsenpüree mixen. Zuletzt das Tahin mit dem Stabmixer unterrühren und den Hummus in eine Schüssel umfüllen. Das Pesto untermischen und den Aufstrich nochmals mit Chilisalz abschmecken.

4   Zum Servieren die Brotaufstriche in kleine Schälchen füllen und mit beliebigen Brotsorten servieren oder bereits auf Brot- oder Baguettescheiben aufgestrichen auf einer Platte anrichten.

PRAXISTIPP

Falls Sie das Pesto für den Hummus frisch zubereiten, sollten Sie am besten etwas weniger Öl und dafür zerlassene braune Butter hinzufügen, damit der Aufstrich schön cremig wird.

Avocado-Fenchel-Salat
mit geröstetem Tortillabrot

ZUBEREITUNG

1 Für das Dressing Maracujasaft, Brühe, Limettensaft und Olivenöl in einer kleinen Schüssel verrühren und das Dressing mit Chilisalz und Zucker würzen. Die Linsen in etwas gesalzenem und gezuckertem Wasser 20 bis 25 Minuten weich kochen. In ein Sieb abgießen, kalt abbrausen und abtropfen lassen.

2 Die Karotten putzen, schälen und mit einem Spiralschneider längs in etwa 10 cm lange Spaghetti schneiden. Den Fenchel putzen, waschen und auf der Gemüsereibe in dünne Streifen hobeln.

3 Linsen, Karotten und Fenchel in eine Schüssel geben und mit etwas Chilisalz und Zucker würzen. Kurz vor dem Servieren die Karotten-Fenchel-Mischung mit dem Dressing marinieren und den Koriander untermischen. Den Salat kurz ziehen lassen und bei Bedarf noch etwas nachwürzen.

4 Das Tortillabrot in einer beschichteten Pfanne ohne Fett auf beiden Seiten goldbraun rösten, halbieren und in feine Streifen schneiden. Die Avocados halbieren und den Kern entfernen. Die Avocadohälften schälen und das Fruchtfleisch in Spalten schneiden. Die Kokosraspel in einen tiefen Teller geben. Die Avocadospalten mit Salz würzen und in den Kokosraspeln wenden.

5 Eine Pfanne bei mittlerer Temperatur erhitzen, das Öl mit einem Pinsel darin verstreichen und die Avocadospalten bei mittlerer Hitze auf beiden Seiten anbraten. Herausnehmen und auf Küchenpapier abtropfen lassen, dann sofort servieren.

6 Zum Servieren den Salat auf Teller verteilen, die Avocadospalten daneben anrichten und die Tortillastreifen darauf verteilen. Nach Belieben mit Kräuterblättern, essbaren Blüten und Sprossen garnieren.

4 PERSONEN

FÜR DAS DRESSING

80 ml Maracujasaft
50 ml Gemüsebrühe
2 EL Limettensaft
3 EL mildes Olivenöl
mildes Chilisalz
Zucker

AUSSERDEM

2 EL Berglinsen (siehe Tipp)
Salz · Zucker
200 g große gelbe Karotten
200 g große Karotten
1 große Fenchelknolle
mildes Chilisalz
1 EL Koriandergrün
(frisch geschnitten)
1 Tortillabrot
2 reife Avocados
5 EL Kokosraspel
1–2 TL Öl zum Braten

TAUSCHTIPP

Anstelle von Berglinsen können Sie auch Beluga-Linsen in den fruchtigen Salat mischen. Falls Sie frische Maracujas (Passionsfrüchte) erhalten, den Saft im Dressing am besten durch frisches Fruchtmark ersetzen – für 80 g Fruchtmark benötigt man 4 bis 5 Früchte, einfach halbieren und das Mark mit einem Teelöffel herauslösen.

Reisnudelsalat
mit Zuckerschoten und Tomaten

4 PERSONEN

FÜR DEN SALAT

3 Tomaten
100 g Zuckerschoten
100 g grüner Spargel
100 g Mini-Maiskolben
200 g bunte Spitzpaprikaschoten
(rot, grün, gelb)
100 g Shiitake-Pilze
150 ml Gemüsebrühe
1 kleine getr. rote Chilischote
½ TL Öl · mildes Chilisalz
100 g breite Reisbandnudeln · Salz

FÜR DAS DRESSING

200 ml Gemüsebrühe
3 EL Reisessig · 3 EL Öl
5 EL helle Sojasauce
2 fein geriebene Knoblauchzehen
1 TL fein geriebener Ingwer
abgeriebene Schale von ½ unbehandelten Limette
mildes Chilisalz
1 EL Koriandergrün (samt Stielen;
frisch geschnitten)

AUSSERDEM

¼ Mango
4 EL gemischte Sprossen
(z. B. Rote-Bete- oder Rettich-
sprossen, Daikon-Kresse)
2 EL geröstete Erdnusskerne
einige Korianderblätter und
4 Minzespitzen zum Garnieren

ZUBEREITUNG

1   Für den Salat die Tomaten waschen und in dünne Spalten schneiden, dabei die Stielansätze entfernen. Die Zuckerschoten putzen, waschen und schräg halbieren. Den Spargel waschen, im unteren Drittel schälen, holzige Enden entfernen und die Stangen schräg in etwa 3 cm lange Stücke schneiden.

2   Die Maiskolben längs halbieren, große Exemplare quer halbieren. Die Spitz-paprika längs halbieren, entkernen, waschen und in 1 ½ bis 2 cm große Rauten schneiden. Die Shiitake-Pilze putzen, trocken abreiben und halbieren.

3   Zuckerschoten, Spargel, Maiskolben und Spitzpaprika mit der Brühe in einen Topf geben. Mit einem Blatt Backpapier bedecken und das Gemüse knapp unter dem Siedepunkt etwa 4 Minuten bissfest garen.

4   Das Gemüse mit dem Dünstsud in eine große Salatschüssel füllen, Chilischote und Tomaten hinzufügen. Eine Pfanne bei mittlerer Temperatur erhitzen, das Öl mit einem Pinsel darin verstreichen und die Shiitake-Pilze anbraten. Mit Chilisalz würzen und vom Herd nehmen.

5   Die Reisbandnudeln in reichlich kochendem Salzwasser 4 Minuten garen. In ein Sieb abgießen, kalt abschrecken, abtropfen lassen und zum Gemüse geben.

6   Für das Dressing die Brühe mit Essig, Öl, Sojasauce, Knoblauch, Ingwer und Li-mettenschale in einen hohen Rührbecher füllen, mit Chilisalz würzen und mit dem Stabmixer gründlich verrühren. Den Koriander dazugeben und die Marinade mit Gemüse und Reisnudeln gut mischen. Nach Belieben nochmals etwas nachwürzen.

7   Die Mango schälen und das Fruchtfleisch in Scheiben schneiden. Die Sprossen in einem Sieb waschen und trocken tupfen. Den Reisnudelsalat in Schüsseln oder auf tiefen Tellern anrichten und Pilze und Mangostücke darauf verteilen. Mit Erd-nüssen bestreuen und mit Sprossen, Korianderblättern und Minzespitzen garnieren.

TAUSCHTIPP

Besonders rund schmeckt das Dressing, wenn Sie 2 EL Soja-sauce durch asiatische Fischsauce ersetzen. Sie ist zwar kein vegetarisches Produkt, sorgt aber für ein wunderbares Aroma.

Graupen-Birnen-Salat
mit Schwammerl

4 PERSONEN

1 kleine Zwiebel
1 Lorbeerblatt
2 Gewürznelken
50 g Perlgraupen · Salz
1 getr. rote Chilischote
1 reife rotschalige Birne
½ Zucchini
150 g kleine Pfifferlinge
1 TL Öl zum Braten
mildes Chilisalz
gemahlener Kümmel
1 Msp. abgeriebene unbehandelte
Zitronenschale
75 ml Gemüsebrühe
1–2 EL Weißweinessig
1 EL Öl · Zucker
1 EL Kerbelblätter
(frisch geschnitten)
1 EL grob gehackte Walnusskerne
zum Garnieren

ZUBEREITUNG

1   Die Zwiebel schälen und das Lorbeerblatt mit den Gewürznelken auf der Zwiebel feststecken. Die Graupen in Salzwasser mit der gespickten Zwiebel und der Chilischote offen knapp unter dem Siedepunkt etwa 40 Minuten weich garen. In ein Sieb abgießen, kalt abschrecken und gut abtropfen lassen.

2   Inzwischen die Birne waschen, vierteln und das Kerngehäuse entfernen. Dann die Birnenviertel in ½ cm große Würfel schneiden. Die Zucchini putzen, waschen und ebenfalls in ½ cm große Würfel schneiden.

3   Die Pfifferlinge gründlich putzen, falls nötig, waschen und trocken tupfen. Eine Pfanne bei mittlerer Temperatur erhitzen, das Öl mit einem Pinsel auf dem Boden der Pfanne verstreichen und die Pfifferlinge darin einige Minuten anbraten. Dann mit Chilisalz, 1 Prise Kümmel und Zitronenschale würzen.

4   Für das Dressing die Brühe mit Essig und Öl in einer kleinen Schüssel verrühren. Mit Chilisalz und 1 Prise Zucker würzen.

5   Graupen, Birnen, Zucchini und angebratene Pfifferlinge in einer Salatschüssel mit dem Dressing mischen und den Kerbel unterziehen. Den Salat etwa 10 Minuten ziehen lassen, dann nach Belieben nochmals etwas nachwürzen.

6   Zum Servieren den Graupen-Birnen-Salat in Serviergläser oder Schälchen anrichten. Mit den Walnüssen bestreuen.

PRAXISTIPP

Der Salat lässt sich gut vorbereiten – ideal für Einladungen und Partys. Da er meist noch etwas nachzieht, sollten Sie ihn am besten kurz vor dem Servieren nochmals abschmecken. Besonders hübsche Farbtupfer erhält er, wenn Sie den Salat mit einigen Granatapfelkernen bestreuen.

Indischer Bratkartoffelsalat
mit Limetten-Joghurt-Dressing

ZUBEREITUNG

1 Für das Dressing den Joghurt mit Limettenschale und -saft in einer kleinen Schüssel glatt verrühren. Das Dressing mit Salz und 1 Prise Zucker würzen.

2 Die Kartoffeln waschen und mit Schale in Salzwasser etwa 20 Minuten weich garen. Abgießen und kurz ausdampfen lassen, dann halbieren.

3 Inzwischen die Peperoni längs halbieren, entkernen, waschen und in Streifen schneiden. In einer Schüssel mit kaltem Wasser bedecken und beiseitestellen.

4 Die Okraschoten putzen und waschen. In einem Topf 1½ l Wasser mit dem Essig aufkochen und die Okraschoten darin etwa 3 Minuten bissfest garen. In ein Sieb abgießen, kalt abschrecken und abtropfen lassen. Dann die Okraschoten schräg in 1 bis 1½ cm breite Stücke schneiden, dabei die Stielansätze entfernen.

5 Den Pak Choi putzen, längs halbieren, waschen und in kochendem Salzwasser etwa 2 Minuten bissfest garen.

6 In einer großen tiefen Pfanne 1 EL Ghee erhitzen und die Kartoffeln darin auf beiden Seiten goldbraun braten. Die Peperoni abgießen, zu den Kartoffeln geben und alles mit dem Bratkartoffelgewürz würzen. Die Okraschoten hinzufügen und erhitzen, danach alles mit Salz würzen.

7 Zum Servieren den indischen Bratkartoffelsalat auf vorgewärmte Teller verteilen, je 3 Pak-Choi-Hälften daraufsetzen und alles mit dem Limetten-Joghurt-Dressing beträufeln.

4 PERSONEN

FÜR DAS DRESSING
200 g griech. Joghurt (10 % Fett)
abgeriebene Schale von 1 unbehandelten Limette
1–2 TL Limettensaft
Salz · Zucker

AUSSERDEM
500 g festkochende Mini-Kartoffeln
Salz
1–2 rote Peperonischoten
150 g Okraschoten
3–4 EL Weißweinessig
6 Mini-Pak-Choi
1–2 EL Ghee (indisches Butterschmalz) oder braune Butter (siehe Tipp Seite 28)
2 TL indisches Bratkartoffelgewürz (ersatzweise je ¼ TL Paprikapulver, gemahlener Schwarz- und Kreuzkümmel, gemahlene Fenchel- und Bockshornkleesamen, Senfkörner und Kurkuma)

PRAXISTIPP
Wenn man die Okraschoten in Essigwasser gart, entwickelt sich kein unangenehmer Schleim im Inneren der Schoten. Alternativ können Sie die Okraschoten auch frittieren oder in einer Pfanne in etwas Öl braten (siehe Seite 138).

Orientalischer Salat
mit gebackenem Camembert

4 PERSONEN

FÜR DEN SALAT

400 g Grünkohl · Salz
400 g Petersilienwurzeln
½ l Gemüsebrühe
3 EL Zitronensaft
3 EL mildes Olivenöl
1 fein geriebene Knoblauchzehe
mildes Chilisalz · Zucker
3 EL weiße Quinoa
¼ TL Ras-el-Hanout
1–2 TL braune Butter
(siehe Tipp Seite 28)

FÜR DEN CAMEMBERT

3 EL Mehl · 5 EL Weißbrotbrösel
1 EL gemahlene Mandeln
2 Eier
4 kleine Camemberts
(à etwa 80 g, nicht zu reif;
siehe Tipp)
mildes Chilisalz
Öl zum Ausbacken

AUSSERDEM

50 g getr. Datteln (ohne Stein)
2 EL Granatapfelkerne
2 EL grob gehackte Walnusskerne
einige Rote-Bete-Sprossen und
essbare Blüten zum Garnieren

ZUBEREITUNG

1 Für den Salat die feinen Grünkohlblätter von den harten Blattrippen abzupfen und waschen, die Blattrippen entfernen. Die Grünkohlblätter in kochendem Salzwasser 3 Minuten blanchieren. In ein Sieb abgießen, kalt abschrecken und abtropfen lassen. Mit den Händen das übrige Wasser gut ausdrücken.

2 Die Petersilienwurzeln putzen, schälen und schräg in etwa ½ cm dicke Scheiben schneiden. Mit 200 ml Brühe in einen Topf geben, mit einem Blatt Backpapier bedecken und knapp unter dem Siedepunkt 10 bis 15 Minuten fast weich garen. Anschließend vom Herd nehmen, 125 ml Brühe, Zitronensaft, Olivenöl und Knoblauch hinzufügen, mit Chilisalz und 1 Prise Zucker würzen und alles gut mischen. Zuletzt die Grünkohlblätter untermischen, den Salat kurz ziehen lassen und bei Bedarf etwas nachwürzen.

3 Die Quinoa mit den restlichen 175 ml Brühe in einen kleinen Topf geben und mit Ras-el-Hanout würzen. Mit einem Blatt Backpapier bedecken und alles knapp unter dem Siedepunkt etwa 20 Minuten ziehen lassen, bis die Körner gar, aber noch knackig sind. Zuletzt die braune Butter unterrühren.

4 Inzwischen für den Camembert das Mehl und die mit den Weißbrotbröseln gemischten Mandeln jeweils in tiefe Teller geben. Die Eier in einem tiefen Teller verquirlen. Die Camemberts vierteln und zuerst im Mehl wenden, dann durch die Eier ziehen und zuletzt in der Mandel-Weißbrotbrösel-Mischung wenden. Nochmals nacheinander in Eiern und Bröselmischung wenden.

5 In einer tiefen Pfanne fingerhoch Öl erhitzen und die Käsestücke im Öl bei mittlerer Hitze rundherum goldbraun ausbacken. Herausnehmen, auf Küchenpapier abtropfen lassen und mit Chilisalz würzen.

6 Die Datteln erst längs vierteln, dann quer halbieren. Den Salat auf Tellern anrichten und die Quinoa darauf verteilen. Mit Datteln, Granatapfelkernen und Walnüssen bestreuen und die gebackenen Käsestücke daraufsetzen. Mit Rote-Bete-Sprossen und essbaren Blüten garnieren.

PRAXISTIPP

Achten Sie darauf, dass der Camembert nicht zu reif ist, sonst läuft er beim Backen leicht aus – vor allem wenn er wie hier vor dem Panieren in Stücke geschnitten wird und so die schützende feste Hülle fehlt. Wichtig ist daher auch, den Camembert zweifach zu panieren – das verhindert, dass der Käse beim Braten aufplatzt und ausläuft.

Falafel
mit Zatar-Mayonnaise

4 PERSONEN

FÜR DIE FALAFEL

175 g getr. Kichererbsen
½ gestr. TL Speisenatron
½ weiße Zwiebel
1 EL Koriandergrün (samt Stielen; frisch geschnitten)
2 Knoblauchzehen (in Scheiben)
1 TL Salz
1 TL gemahlener Kreuzkümmel
½ TL gemahlener Koriander
½ TL Pfeffer aus der Mühle
½ TL gemahlener Sternanis
½ TL gemahlener Kardamom
1 Prise Ingwerpulver
1 TL Backpulver
Öl oder Frittierfett zum Ausbacken

FÜR DIE MAYONNAISE

2 Eiweiß · 1 gestr. TL Salz
½–1 fein geriebene Knoblauchzehe
120–150 ml neutrales Öl
1 Spritzer Limettensaft
1 TL Zatar-Gewürz
abgeriebene Schale von 1 unbehandelten Limette

AUSSERDEM

200 g Mixed Pickles (aus dem Glas)

ZUBEREITUNG

1 Für die Falafel am Vortag die Kichererbsen mit ½ l Wasser in eine Schüssel geben, das Natron hinzufügen und alles über Nacht im Kühlschrank einweichen. Am nächsten Tag die Kichererbsen in ein Sieb abgießen und gut abtropfen lassen (ergibt etwa 350 g).

2 Die Zwiebel schälen und in feine Würfel schneiden. Die Kichererbsen mit Koriander, Knoblauch und Zwiebel zweimal durch den Fleischwolf drehen (feine Scheibe, ersatzweise mit dem Blitzhacker arbeiten). Die Masse mit Salz und Gewürzen mischen und 80 bis 100 ml Wasser dazugeben, bis die Masse cremig und gut formbar ist. Die Masse zugedeckt im Kühlschrank etwa 1 Stunde ruhen lassen.

3 Anschließend das Backpulver hinzufügen und gründlich unterrühren. Bei Bedarf mehr Wasser dazugeben, sodass eine schöne Masse entsteht. Die Kichererbsenmasse mit einem Falafel-Former zu flachen Bratlingen oder mit angefeuchteten Händen zu Bällchen formen.

4 Das Öl in einem hohen Topf oder in einer Fritteuse auf 180 °C erhitzen. Die Falafel im Fett portionsweise rundherum 3 bis 4 Minuten goldbraun ausbacken. Herausnehmen und auf Küchenpapier abtropfen lassen, warm halten.

5 Für die Mayonnaise die Eiweiße mit dem Salz in einem hohen Rührbecher mit dem Stabmixer schaumig schlagen. Die Knoblauchzehe hinzufügen und untermixen. Dann das Öl in einem dünnen Strahl dazulaufen lassen, dabei mit dem Stabmixer ständig weitermixen. Zum Schluss den Limettensaft, Zatar und Limettenschale unterrühren.

6 Zum Servieren jeweils 4 bis 5 Falafel in einer Reihe auf vorgewärmte Teller legen und die Pickles dazwischensetzen. Die Zatar-Mayonnaise in einem kleinen Schälchen dazu reichen. Dazu passt nach Belieben Fladenbrot.

TAUSCHTIPP

Statt mit den Einzelgewürzen können Sie die Falafelmasse auch mit 1 TL Ras-el-Hanout, 1 bis 2 TL Baharat oder einer anderen orientalischen Gewürzmischung oder -paste würzen. Die flachen Falafel aus dem Former haben die optimale Dicke zum Backen im heißen Fett. Wer keinen Former hat, kann stattdessen auch Pflanzerl oder Bällchen mit den Händen formen. Wichtig: Die Bällchen sollten möglichst flach bzw. klein sein, damit sie gut durchbacken und schön braun braten.

Artischocken
mit zweierlei Dips

4 PERSONEN

FÜR DIE ARTISCHOCKEN

4 große Artischocken
2 ½ l Gemüsebrühe

FÜR DIE SAUCE BÉARNAISE

½ Schalotte
70 ml Weißwein
½ Lorbeerblatt
1 Knoblauchzehe (in Scheiben)
je ½ TL schwarze Pfeffer-,
Piment- und Korianderkörner
für die Gewürzmühle
2 Eigelb
120 g kalte Butter (in Stücken)
5 Estragonblätter (frisch geschnitten)
1 EL braune Butter
(siehe Tipp Seite 28)
mildes Chilisalz
einige Tropfen Zitronensaft

FÜR DIE KRÄUTER-VINAIGRETTE

1 Schalotte
1–2 EL Weißweinessig
½ TL Dijon-Senf
mildes Chilisalz
Pfeffer aus der Mühle · Zucker
5 EL Öl
1–2 TL gemischte Kräuterblätter
(z. B. Basilikum, Dill, Kerbel,
Petersilie; frisch geschnitten)

ZUBEREITUNG

1 Von den Artischocken jeweils den Stiel abschneiden und die holzigen Fasern abschälen. Die Artischocken samt den geschälten Stielen in einen Topf setzen und die Brühe dazugießen. Alles einmal aufkochen, dann zugedeckt knapp unter dem Siedepunkt – je nach Größe – etwa 45 Minuten mehr ziehen als kochen lassen, bis die Artischocken weich sind. Sie sind gar, wenn sich die Blätter leicht herausziehen lassen. (Nach Belieben die Artischocken beim Garen mit einem Teller oder kleinen Deckel beschweren, damit sie vollständig in der Brühe liegen.)

2 Zwischendurch den Garzustand der Stiele durch Einstechen mit einem kleinen Messer prüfen. Dabei die Stiele früher herausnehmen, falls sie schneller gar sind. Die Stiele etwas abkühlen lassen und, falls nötig, noch vorhandene holzige Fasern abziehen, sodass nur noch das innere, weiche Mark übrig bleibt.

3 Inzwischen für die Sauce béarnaise die Schalotte schälen und in feine Würfel schneiden. Schalottenwürfel mit Wein, 50 ml Artischockenbrühe, Lorbeer und Knoblauch in einen Topf geben. Pfeffer-, Piment- und Korianderkörner in eine Gewürzmühle füllen und den Sud damit etwas würzen. Den Sud einmal aufkochen, dann auf etwa 3 EL einköcheln lassen, danach das Lorbeerblatt wieder entfernen.

4 Den eingekochten Sud mit den Eigelben in einer Edelstahlschüssel im heißen Wasserbad mit dem Schneebesen zu einem feinporigen Schaum (Sabayon) aufschlagen, dabei den Schaum höchstens auf 75 °C erhitzen.

5 Nach und nach die kalte Butter unter die Sauce rühren und schmelzen lassen, die Schüssel dabei im Wasserbad lassen (wird die Butter zerlassen hinzugefügt, muss der heiße Eierschaum vom Wasserbad genommen werden, damit die Sauce nicht überhitzt). Die Sauce unter Rühren erwärmen, bis sie cremig ist. Den Estragon unterrühren und die Sauce mit brauner Butter, Chilisalz und Zitronensaft würzen.

6 Für die Kräutervinaigrette die Schalotte schälen und in feine Würfel schneiden. Den Essig mit Senf mit Chilisalz, Pfeffer und 1 Prise Zucker würzen. Das Öl langsam unterrühren. Die Schalottenwürfel mit den Kräutern unterrühren.

7 Zum Servieren die Artischocken mit den Stielen auf vorgewärmten Tellern anrichten und die Sauce béarnaise sowie die Kräutervinaigrette dazu reichen. Nach Belieben mit gemischten Kräuterblättern garnieren.

PRAXISTIPP

Die Brühe, in der die Artischocken gegart wurden, weist einen feinen Artischockengeschmack auf und eignet sich als Basis für Suppen oder Gemüsegerichte sowie als Trinkbrühe.

Kaspressknödel
auf Peperonata

4 PERSONEN

FÜR DIE PEPERONATA

2 mittelgroße Zwiebeln
1 große gelbe Paprikaschote
3 große rote Paprikaschoten
150 g passierte Tomaten
(aus der Dose)
2 Knoblauchzehen (in Scheiben)
1 Lorbeerblatt
1 kleine getr. rote Chilischote
1 TL Rosmarinnadeln
(frisch geschnitten)
1 Msp. abgeriebene unbehandelte
Orangenschale · Salz

FÜR DIE KNÖDEL

je 1 TL schwarze Pfeffer-, Koriander-
und Pimentkörner sowie ¼–½ TL
Zimtsplitter für die Gewürzmühle
1 Zwiebel
200 g Bergkäse oder Emmentaler
(am Stück)
250 g Knödelbrot (ersatzweise
gewürfeltes Toastbrot)
140 ml Milch · 2 Eier
mildes Chilisalz
frisch geriebene Muskatnuss
2 EL Petersilienblätter
(frisch geschnitten)
50 g Weißbrotbrösel
2 EL braune Butter
(siehe Tipp Seite 28)

AUSSERDEM

einige Kräuterblätter zum Garnieren
(z. B. Kerbel, Thai-Basilikum)

ZUBEREITUNG

1 Für die Peperonata die Zwiebeln schälen und in etwa 1 ½ cm große Rauten schneiden. Die Paprikaschoten halbieren, putzen und waschen, die Hälften mit einem Sparschäler schälen und in etwa 1 ½ cm große Rauten schneiden.

2 Zwiebeln und Paprika in einem Topf ohne Fett bei milder Hitze etwas andünsten. Passierte Tomaten und Knoblauch hinzufügen, alles mit einem Blatt Backpapier bedecken und knapp unter dem Siedepunkt etwa 30 Minuten weich garen.

3 Lorbeerblatt und Chilischote etwa 15 Minuten vor Ende der Garzeit dazugeben. Am Ende Rosmarin und Orangenschale unterrühren und die Peperonata mit Salz würzen, Lorbeer und Chili wieder entfernen.

4 Für die Knödel Pfeffer-, Koriander- und Pimentkörner sowie Zimt in eine Gewürzmühle füllen. Die Zwiebel schälen und in feine Würfel schneiden. Die Zwiebelwürfel in einer Pfanne mit 100 ml Wasser weich garen, bis die Flüssigkeit eingekocht ist. Den Käse in sehr kleine Würfel schneiden oder grob reiben.

5 Das Knödelbrot in eine große Schüssel geben. Die Milch in einem kleinen Topf aufkochen und vom Herd nehmen. Die Eier verquirlen und mit der Milch verrühren. Die Eiermilch mit Chilisalz, etwas Muskatnuss und der Mischung aus der Gewürzmühle würzen und über das Knödelbrot gießen. Zwiebelwürfel, Käse und Petersilie dazugeben, alles gut mischen und den Knödelteig zugedeckt 10 Minuten ziehen lassen. Bei Bedarf nochmals nachwürzen.

6 Inzwischen die Weißbrotbrösel in einen tiefen Teller geben. Aus dem Knödelteig mit angefeuchteten Händen 12 kleine Knödel formen und etwas flach drücken, sodass etwa 1 bis 1 ½ cm dicke Taler entstehen. In den Weißbrotbröseln wenden.

7 Eine Pfanne bei mittlerer Temperatur erhitzen, jeweils wenig braune Butter mit einem Pinsel darin verstreichen und die Taler portionsweise auf beiden Seiten je 2 bis 3 Minuten braten, bis sie hell gebräunt und durchgegart sind. Herausnehmen und auf Küchenpapier abtropfen lassen, warm halten.

8 Zum Servieren die Peperonata auf vorgewärmte Teller verteilen und die Kaspressknödel darauflegen. Mit Kräuterblättern garnieren.

Saure Laugenknödel
mit Parmesan und Spargel

4 PERSONEN

FÜR DIE KNÖDEL

250 g weiche Laugenstangen
¼ l Milch · 4 Eier
Salz · Pfeffer aus der Mühle
frisch geriebene Muskatnuss
½ TL abgeriebene unbehandelte
Zitronenschale
½ Zwiebel · 100 ml Gemüsebrühe
1 EL Petersilienblätter
(frisch geschnitten)
1 TL zerlassene Butter
Butter zum Braten

FÜR DIE MARINADE

5 Wacholderbeeren
1 weiße Zwiebel
200 ml Gemüsebrühe
1 EL mittelscharfe rote Peperonischote (in kleinen Würfeln)
3 EL Weißweinessig · 2 EL Öl
2 Lorbeerblätter
1 Knoblauchzehe (in Scheiben)
2 Scheiben Ingwer
Salz · Pfeffer aus der Mühle
1 TL Zucker

FÜR DEN SPARGEL

250 g grüner Spargel
70 ml Gemüsebrühe
3 cm Vanilleschote · 1–2 Zimtsplitter
1 EL braune Butter
(siehe Tipp Seite 28)
mildes Chilisalz

AUSSERDEM

4 Wachteleier · 4 Radieschen
4 geh. EL Parmesanspäne
einige Radieschenblätter, Radies-
chen- und Rote-Bete-Sprossen
zum Garnieren

ZUBEREITUNG

1 Für die Knödel die Laugenstangen vom Salz befreien und in ½ bis 1 cm große Würfel schneiden. Die Milch aufkochen, 2 Eier in einer Schüssel verquirlen und
mit der heißen Milch verrühren. Mit Salz, Pfeffer, 1 Prise Muskatnuss und Zitronenschale würzen und mit den Laugenwürfeln vorsichtig mischen, dabei nicht drücken.

2 Die Zwiebel schälen und fein würfeln. In einer Pfanne mit der Brühe weich
garen, bis die Flüssigkeit eingekocht ist. Mit Petersilie und Butter zur Knödelmasse geben. Die übrigen Eier verquirlen und in der Butter zu einem saftigen Rührei braten, dabei nur halb stocken lassen, damit es sich gut unterheben lässt. Sofort
unter die Knödelmasse heben.

3 Zwei Blätter starke Alufolie (etwa 25 x 25 cm) jeweils mit Frischhaltefolie belegen. Je die Hälfte der Knödelmasse darauf zu einer länglichen Rolle von 5 cm
Durchmesser formen. Erst in die Frischhaltefolie, dann in die Alufolie einwickeln.
Die Enden der Alufolie etwas andrücken, dann so verdrehen, dass eine kompak-
te Rolle entsteht. In einem ausreichend großen Topf Wasser erhitzen und die Knödelrollen im siedenden Wasser 25 bis 30 Minuten garen. Herausnehmen, abkühlen
lassen, aus der Folie wickeln und in ½ bis 1 cm dicke Scheiben schneiden.

4 Inzwischen für die Marinade den Wacholder in einer Pfanne ohne Fett bei mittlerer Temperatur erhitzen, bis er glänzt, dann herausnehmen und abkühlen lassen.
Die Zwiebel schälen, in dünne Ringe schneiden und mit der Brühe in einer Pfanne
knapp unter dem Siedepunkt einige Minuten ziehen lassen. Peperoni hinzufügen
und alles mit Essig und Öl verrühren. Wacholder, Lorbeerblätter, Knoblauch und
Ingwer hinzufügen und alles mit Salz, Pfeffer und 1 Prise Zucker würzen.

5 Den Spargel waschen, im unteren Drittel schälen und die holzigen Enden entfernen. Die Stangen je nach Dicke längs halbieren, dann schräg in etwa 4 cm lange
Stücke schneiden. Den Spargel mit der Brühe in einen kleinen Topf geben, mit
einem Blatt Backpapier bedecken und knapp unter dem Siedepunkt 6 bis 8 Minuten bissfest garen. Vanille und Zimt darin 1 Minute ziehen lassen, dann wieder entfernen. Zuletzt die braune Butter hinzufügen, Spargel mit Chilisalz würzen.

6 Die Wachteleier in kochendem Wasser 2½ bis 3 Minuten garen, kalt abschrecken, pellen und halbieren. Die Radieschen putzen und waschen.

7 Zum Servieren die Marinade auf tiefe Teller verteilen, nach Belieben die ganzen Gewürze dabei wieder entfernen, und die Knödelscheiben darauf überlappend
anrichten. Spargel und Parmesanspäne darüber verteilen, die Radieschen auf der
Gemüsereibe darüberhobeln und die Wachteleierhälften dazusetzen. Mit Radies-
chenblättern, Radieschen- und Rote-Bete-Sprossen garnieren.

Bayerische Spinatknödel
mit Radisalat und brauner Butter

4 PERSONEN

FÜR DIE KNÖDEL

250 g Brötchen (vom Vortag)
300 ml Milch
100 g Spinatblätter
Salz
3 Eier
1 EL Petersilienblätter
(frisch geschnitten)
mildes Chilisalz
Pfeffer aus der Mühle
frisch geriebene Muskatnuss

FÜR DEN RADISALAT

400 g roter Rettich
mildes Chilisalz
1 EL Weißweinessig
1 EL Öl · Zucker
2 EL Schnittlauchröllchen

AUSSERDEM

Öl für die Folie
100 g zerlassene braune Butter
(siehe Tipp)
50 g Bergkäsespäne

ZUBEREITUNG

1 Für die Knödel die Brötchen in sehr dünne Scheiben schneiden. Die Milch aufkochen, über das Brot gießen und zugedeckt 5 Minuten ziehen lassen.

2 Den Spinat verlesen und waschen, dabei grobe Stiele entfernen. Die Spinatblätter in kochendem Salzwasser 1 bis 2 Minuten blanchieren, in ein Sieb abgießen, kalt abschrecken und gut abtropfen lassen. Mit den Händen das übrige Wasser gut ausdrücken und den Spinat grob hacken. Dann mit 1 Ei im Blitzhacker fein pürieren und zu den eingeweichten Brötchen geben. Die übrigen Eier mit der Petersilie dazugeben, mit Chilisalz, Pfeffer und Muskatnuss würzen und alles locker mischen.

3 Vier Blätter Alufolie jeweils mit einer Lage Frischhaltefolie belegen. Je ein Viertel des Knödelteigs darauf der Länge nach zu einem Strang formen. Zuerst in die Frischhaltefolie, dann in die Alufolie einwickeln und die Enden so zudrehen, dass Rollen von je etwa 20 cm Länge entstehen.

4 Die Knödelrollen in einem großen Topf im siedenden Wasser etwa 20 Minuten ziehen lassen. Herausnehmen, aus der Folie wickeln und die Enden gerade schneiden. Jeden Knödel einmal halbieren und jedes Stück nochmals schräg halbieren.

5 Für den Radisalat den Rettich putzen, waschen und in dünne Scheiben hobeln. Mit etwas Chilisalz würzen und 5 bis 10 Minuten ziehen lassen, danach die ausgetretene Flüssigkeit entfernen. Die Radischeiben mit Essig, Öl und 1 Prise Zucker mischen, den Schnittlauch hinzufügen und bei Bedarf mit etwas Chilisalz nachwürzen.

6 Zum Servieren je 4 Knödelstücke auf der flachen Seite auf vorgewärmte Teller setzen, braune Butter darüberträufeln und mit Bergkäse bestreuen. Den Radisalat daneben anrichten oder in kleinen Schälchen separat dazu reichen.

PRAXISTIPP

Braune Butter liefert ein unvergleichlich nussiges Aroma und eignet sich gut zum Beträufeln von Knödeln jeglicher Art. Wenn Sie sie selbst machen möchten, 250 g Butter in einem kleinen Topf bei mittlerer Temperatur langsam erhitzen, bis sie goldbraun ist und ein nussiges Aroma hat. Den Topf vom Herd nehmen und die Butter durch ein mit Küchenpapier ausgelegtes Sieb gießen. In ein gut schließendes Glas umfüllen und kühl aufbewahren.

Offene Gemüsestrudel
mit Thai-Curry-Guss

ZUBEREITUNG

1 Für die Füllung das Gemüse putzen und waschen bzw. schälen. Alle Gemüsesorten getrennt in ½ bis 1 cm große Stücke schneiden.

2 Paprika mit der Brühe, Knoblauch und Ingwer in einen Topf oder eine tiefe Pfanne geben, mit einem Blatt Backpapier bedecken und knapp unter dem Siedepunkt etwa 5 Minuten weich garen. Dann das restliche Gemüse hinzufügen und alles zugedeckt noch 2 Minuten fast weich garen.

3 Die Garflüssigkeit abgießen. Das Gemüse mit Chilisalz würzen. Den Ingwer und nach Belieben den Knoblauch wieder entfernen. Das Gemüse etwas abkühlen lassen.

4 Für den Guss Frischkäse, Sahne und Eier in einen hohen Rührbecher füllen. Alles mit Thai-Currypaste, Knoblauch, Ingwer und Salz würzen und mit dem Stabmixer fein pürieren, bis eine gleichmäßige Masse entstanden ist.

5 Den Backofen auf 180 °C vorheizen. Acht Muffinförmchen mit Butter fetten.

6 Zuerst 8 Strudelteigblätter auf die Arbeitsfläche legen und mit zerlassener Butter bestreichen. Dann jedes Strudelblatt mit einem zweiten Strudelblatt 45 Grad versetzt belegen und ebenfalls mit Butter bestreichen. Je 1 Doppelstrudelblatt in eine Muffinform setzen, dabei die Enden 1 bis 2 cm überstehen lassen.

7 Das Gemüse auf die Strudel verteilen und alles mit dem Guss begießen. Die Strudel im Ofen auf der mittleren Schiene 15 bis 20 Minuten goldbraun backen. Aus dem Ofen nehmen und kurz abkühlen lassen.

8 Zum Servieren die Strudel aus den Muffinförmchen lösen und auf eine Platte setzen. Nach Belieben mit kleinen Salatblättern, essbaren Blüten oder gemischten Kräuterblättern garnieren.

4 PERSONEN

FÜR DIE FÜLLUNG

400 g gemischtes Gemüse
(z. B. Paprikaschote, Thai-Spargel,
Shiitake-Pilze, Frühlingszwiebeln
und Zucchini)
50 ml Gemüsebrühe
1 Knoblauchzehe (in Scheiben)
2 Scheiben Ingwer
mildes Chilisalz

FÜR DEN GUSS

100 g Frischkäse (Doppelrahmstufe)
150 g Sahne
3 Eier
1–2 TL Thai-Currypaste
(je nach gewünschter Schärfe)
1 fein geriebene Knoblauchzehe
½ TL fein geriebener Ingwer
Salz

AUSSERDEM

zerlassene Butter für die Förmchen
und den Strudelteig
16 Strudelteigblätter
(à 15 x 15 cm; aus dem Kühlregal)

TAUSCHTIPP

Je nach Saison und Vorliebe können Sie die offenen Strudel auch mit anderen Gemüsesorten zubereiten. Genauso lässt sich die Thai-Currypaste durch andere Gewürzmischungen ersetzen – es eignen sich zum Beispiel ein indisches Currypulver, Ras-el-Hanout oder italienische Kräuter und Gewürze.

Krautstrudel
mit Kürbis-Paprika-Sauce

4 PERSONEN

FÜR DIE STRUDEL

300 g vorwiegend festkochende
Kartoffeln · Salz · 1 Lorbeerblatt
1 kleine getr. rote Chilischote
2 EL Öl
mildes Chilisalz
400 g Spitzkohl
Zucker
100 ml Gemüsebrühe
1 EL Petersilienblätter
(frisch geschnitten)
gemahlener Kümmel
1 Msp. abgeriebene unbehandelte
Zitronenschale
70 g braune Butter
(siehe Tipp Seite 28)
2 EL geschälte gemahlene Mandeln
½ Apfel
12 Strudelteigblätter
(à 15 x 15 cm; aus dem Kühlregal)
1 TL ganzer Kümmel
½ TL Fleur de Sel

FÜR DIE SAUCE

je 1 TL schwarze Pfeffer-, Koriander-
und Pimentkörner sowie ¼–½ TL
Zimtsplitter für die Gewürzmühle
1 rote Paprikaschote
150 g Hokkaido-Kürbis
¼ l Gemüsebrühe
1 fein geriebene Knoblauchzehe
½ TL gemahlene Kurkuma
¼ TL Räucherpaprika
(Pimentón de la Vera picante)
40 g kalte Butter (in Stücken)
Salz

ZUBEREITUNG

1   Für die Strudel die Kartoffeln schälen, waschen, in 1 cm große Würfel schneiden und in Salzwasser mit Lorbeerblatt und Chili 8 bis 10 Minuten fast weich garen. Abgießen und kurz ausdampfen lassen, Chili und Lorbeerblatt entfernen. In einer Pfanne in 1 EL Öl anbraten, mit Chilisalz würzen.

2   Den Kohl putzen, entstrunken, waschen und in dünne Streifen hobeln. Einen großen Topf erhitzen, das Kraut hineingeben, mit Salz und 1 Prise Zucker würzen. Die Brühe dazugießen, alles mit einem Blatt Backpapier bedecken und knapp unter dem Siedepunkt 10 bis 15 Minuten dünsten, dabei öfter umrühren. Petersilie dazugeben, mit 1 Prise Kümmel, Zitronenschale, Chilisalz und 1 bis 2 EL Butter würzen. Die Flüssigkeit ggf. abgießen, Mandeln untermischen, das Kraut abkühlen lassen.

3   Den Apfel schälen, halbieren und entkernen. Die Viertel in ½ bis 1 cm große Würfel schneiden. Das Kraut mit Kartoffeln und Äpfeln mischen, bei Bedarf nachwürzen. Den Backofen auf 200 °C vorheizen. Die übrige braune Butter zerlassen.

4   Je 1 Strudelblatt auf ein Küchentuch legen und mit zerlassener brauner Butter bestreichen, mit einem zweiten Strudelblatt belegen, ebenfalls mit Butter bestreichen und mit einem dritten Blatt belegen. Ein Viertel der Krautfüllung in der Mitte als Rechteck (etwa 6 x 12 cm Größe) auf dem Teig verteilen. Den Teig über der Füllung zusammenklappen, die seitlichen Enden aufeinanderdrücken und bis auf etwa 1 cm abschneiden. Übrigen Teig und Füllung ebenso zu 3 Strudeln verarbeiten. (Die Strudel vor dem Braten nicht zu lange liegen lassen, sonst weichen sie durch. Am besten während der Wartezeit auf ein sauberes Küchentuch legen.)

5   Für die Sauce Pfeffer-, Koriander- und Pimentkörner sowie Zimt in eine Gewürzmühle füllen. Die Paprika längs halbieren, entkernen und waschen, mit dem Sparschäler schälen und in kleine Würfel schneiden. Den Kürbis waschen und die Kerne mit einem Löffel entfernen, das Kürbisfleisch in 1 cm große Würfel schneiden.

6   Kürbis und Paprika mit der Brühe in einen Topf geben, mit einem Blatt Backpapier bedecken und knapp unter dem Siedepunkt 15 bis 20 Minuten weich garen. Knoblauch, Kurkuma und Räucherpaprika hinzufügen, mit wenig Mischung aus der Gewürzmühle würzen und alles mit dem Stabmixer fein pürieren. Die kalte Butter unterrühren, die Sauce mit Salz würzen und bei Bedarf noch etwas nachwürzen. Zum Servieren eine Pfanne bei mittlerer Temperatur erhitzen und jeweils etwas Öl mit einem Pinsel darin verstreichen. Die Strudel zuerst auf der Naht bei milder Hitze anbraten, dann wenden und auf der anderen Seite braten, zuletzt auch an den Seiten etwas braten. Die Oberseite mit der übrigen braunen Butter bestreichen und mit dem ganzen Kümmel und Fleur de Sel bestreuen. Warm halten.

7   Die Sauce auf vorgewärmte Teller verteilen, die Krautstrudel schräg halbieren und daraufsetzen. Nach Belieben mit Salatblättern oder essbaren Blüten garnieren.

Getrüffelte Kartoffelrösti
mit Basilikum-Pinienkern-Sauce

4 PERSONEN

FÜR DIE RÖSTI

800 g festkochende Kartoffeln
Salz · Pfeffer aus der Mühle
frisch geriebene Muskatnuss
Öl zum Braten
1 dünne Lauchstange (250 g)
100 g kleine, feste Champignons
1 EL braune Butter
(siehe Tipp Seite 28)
mildes Chilisalz
je 1 TL Kerbel- und Petersilienblätter
(frisch geschnitten)
4 geh. TL geriebener Parmesan
4 gestr. TL fein geriebene schwarze
Trüffel (vorher unter fließendem
kaltem Wasser gründlich bürsten)
300 g Blätterteig
(aus dem Kühlregal)
Mehl für die Arbeitsfläche
1 Ei · 1 EL Sahne

FÜR DIE SAUCE

2 TL Pinienkerne
2 EL Basilikumblätter
(frisch geschnitten)
4 EL Milch
½ fein geriebene Knoblauchzehe
200 g Schmand
mildes Chilisalz

AUSSERDEM

einige Kräuterblätter zum Garnieren
(z. B. Basilikum, Thai-Basilikum,
Kerbel)

ZUBEREITUNG

1   Für die Rösti die Kartoffeln schälen, waschen und längs in 2 bis 2 ½ mm dünne Streifen hobeln. Die Kartoffelstreifen mit Salz, Pfeffer und Muskatnuss würzen und etwa 2 Minuten ziehen lassen. Dann in ein Sieb geben und mit den Händen gut ausdrücken. Eine beschichtete Pfanne bei mittlerer Temperatur erhitzen und 1 TL Öl mit einem Pinsel darin verstreichen, ein Viertel der Kartoffelmasse gleichmäßig zu einer max. ½ cm hohen Scheibe (etwa 12 cm Durchmesser) verteilen und etwas andrücken. Das Rösti bei mittlerer Hitze 6 bis 8 Minuten goldbraun braten, bei Bedarf noch etwas Öl hinzufügen. Dann wenden und die zweite Seite ebenfalls goldbraun braten. Das Rösti herausnehmen, auf Küchenpapier kurz abtropfen lassen. Aus der übrigen Kartoffelmasse auf dieselbe Weise 3 weitere Rösti zubereiten.

2   Für die Füllung den Lauch putzen, dabei die dunkelgrünen Blätter entfernen, die Stange gründlich waschen und in 1 bis 2 cm breite Streifen schneiden. Die Champignons putzen, trocken abreiben und in ½ cm dicke Scheiben schneiden. Den Lauch in einer tiefen Pfanne in der braunen Butter bei milder Hitze etwa 4 Minuten andünsten. Die Pilze dazugeben und 1 bis 2 Minuten mitdünsten. Die Flüssigkeit abgießen und das Gemüse in eine Schüssel füllen. Mit Chilisalz und etwas Muskatnuss würzen, Kerbel, Petersilie und Parmesan untermischen und alles abkühlen lassen.

3   Den Backofen auf 200 °C vorheizen. Ein Backblech mit Backpapier belegen und die Rösti daraufsetzen. Das abgekühlte Lauchgemüse (gut abgetropft) gleichmäßig flach auf die Rösti verteilen. Dabei etwas festdrücken und einen Rand von etwa 1 ½ cm frei lassen. Die Trüffel darüberstreuen.

4   Den Blätterteig auf der bemehlten Arbeitsfläche 2 bis 3 mm dick ausrollen und 4 Scheiben (à 13 bis 14 cm Durchmesser, etwa 2 cm größer als die Rösti) ausschneiden (übrigen Blätterteig anderweitig verwenden). Ei und Sahne verquirlen und die Röstränder damit bestreichen. Die Blätterteigplatten darauflegen, dabei bei Bedarf etwas nach unten einschlagen. Die Ränder mit einer Gabel rundherum fest andrücken, den Blätterteig oben mit der Ei-Sahne-Mischung bestreichen und mit einer Gabel mehrmals einstechen. Die Rösti im Ofen auf der mittleren Schiene etwa 15 Minuten goldbraun backen.

5   Für die Sauce die Pinienkerne in einer Pfanne ohne Fett bei mittlerer Hitze hell rösten, herausnehmen und abkühlen lassen. Basilikum mit Milch, Pinienkernen und Knoblauch in einem hohen Rührbecher mit dem Stabmixer fein pürieren. Den Schmand mit der Basilikum-Milch verrühren und die Sauce mit Chilisalz würzen.

6   Zum Servieren die Rösti aus dem Ofen nehmen, auf Tellern anrichten und die Sauce darum herumträufeln. (Vorsicht beim Umsetzen der gebackenen Röstis vom Blech auf die Teller! Der Rösti-Boden ist nicht stabil und bricht rasch durch. Deshalb am besten mit einer breiten Palette arbeiten.) Mit den Kräuterblättern garnieren.

Offenes Omelett
mit Gemüsegröstl

2 PERSONEN

FÜR DAS GRÖSTL

5 festkochende Mini-Kartoffeln
Salz
2 Frühlingszwiebeln
1 Handvoll Pfifferlinge
2 Steinpilze
60 g Zucchini
1 Handvoll Cocktailtomaten
je 1 TL Fenchelsamen und ganzer
Kümmel für die Gewürzmühle
(ersatzweise je 1 Prise gemahlenes
Gewürz)
1–2 TL Öl
1 kleine getr. rote Chilischote
mildes Chilisalz

FÜR DAS OMELETT

4 Eier · 4 EL Milch · Salz
1 TL braune Butter
(siehe Tipp Seite 28)
mildes Chilisalz

AUSSERDEM

100 g Mini-Mozzarellakugeln
1–2 EL Kräuterpesto
(siehe Rezept S. 104)
einige Thai-Basilikumblätter
zum Garnieren

ZUBEREITUNG

1 Für das Gröstl die Kartoffeln mit Schale in Salzwasser weich garen. Abgießen, kurz ausdampfen lassen, heiß pellen und in Scheiben schneiden.

2 Inzwischen die Frühlingszwiebeln putzen, waschen und schräg in etwa 2 cm lange Stücke schneiden. In Salzwasser (oder nach Belieben in 50 ml Brühe) etwa 2 Minuten blanchieren, in ein Sieb abgießen kalt abschrecken und abtropfen lassen.

3 Die Pfifferlinge gründlich putzen, falls nötig, waschen und trocken tupfen. Die Steinpilze putzen, trocken abreiben und je nach Größe halbieren, vierteln oder in etwa ½ cm dicke Scheiben schneiden. Die Zucchini putzen, waschen, längs halbieren und in ½ bis 1 cm dicke Scheiben schneiden. Die Tomaten waschen und halbieren. Fenchel und Kümmel in eine Gewürzmühle füllen.

4 Eine Pfanne bei mittlerer Temperatur erhitzen, ½ TL Öl mit einem Pinsel darin verstreichen und die Pilze anbraten. Wieder aus der Pfanne nehmen und beiseitestellen. Nochmals etwas Öl in der Pfanne verstreichen und die Kartoffelscheiben darin anbraten. Nach ein paar Minuten Frühlingszwiebeln, Zucchini und Chilischote dazugeben und mitbraten. Pilze und Tomaten hinzufügen und darin kurz erhitzen. Alles mit Chilisalz und der Mischung aus der Gewürzmühle würzen. Zum Servieren die Chilischote wieder entfernen.

5 Für das Omelett den Backofengrill vorheizen und ein Ofengitter in das untere Drittel des Backofens schieben. Die Eier trennen. Die Eigelbe mit der Milch in einer Schüssel verrühren. Die Eiweiße in einer Schüssel mit 1 Prise Salz mit den Quirlen des Handrührgeräts zu einem cremigen Eischnee aufschlagen. Den Eischnee unter die Eigelbmilch ziehen.

6 Eine ofenfeste Pfanne bei milder Temperatur erhitzen und ½ TL braune Butter mit einem Pinsel darin verstreichen. Die Hälfte der Eiermasse in der Pfanne verteilen und 1 bis 2 Minuten hell anbacken. Dann das Omelett unter dem Backofengrill auf der untersten Schiene 2 bis 3 Minuten goldbraun backen, herausnehmen und warm halten. Aus der restlichen Eiermasse auf dieselbe Weise ein zweites Omelett zubereiten. (Alternativ gleichzeitig mit zwei kleinen Pfannen arbeiten.)

7 Zum Servieren die Mini-Mozzarellakugeln halbieren. Die Omeletts zusammengeklappt oder in Stücke geschnitten auf vorgewärmten Teller anrichten und mit Chilisalz würzen. Das Gemüsegröstl daneben anrichten und die Mozzarellahälften dazwischenstecken. Etwas Kräuterpesto darum herumträufeln und alles mit Thai-Basilikum sowie nach Belieben mit Dillspitzen garnieren.

Mariniertes Wurzelgemüse
mit gebratenen Kartoffelnockerln

4 PERSONEN

FÜR DAS GEMÜSE

200 g grüner Spargel
200 g Karotten
200 g gelbe Karotten
150 ml Gemüsebrühe
1 kleine getr. rote Chilischote
1 Zimtsplitter
1 Knoblauchzehe (in Scheiben)
je ½ TL schwarze Pfeffer- und
Korianderkörner, Anis- und Fenchelsamen sowie Zimtsplitter für die
Gewürzmühle
2 EL Weißweinessig
2 EL mildes Olivenöl
mildes Chilisalz · Zucker

FÜR DIE QUINOA

175 ml Gemüsebrühe
1 Lorbeerblatt
1 Knoblauchzehe (in Scheiben)
2 Scheiben Ingwer
3 EL rote Quinoa
je 1 Msp. abgeriebene unbehandelte
Zitronen- und Orangenschale

FÜR DIE NOCKERL

450 g mehligkochende Kartoffeln
Salz · 120 g Magerquark
50 g Speisestärke
80 g Weizengrieß · 1 Ei
mildes Chilisalz
frisch geriebene Muskatnuss
50 g braune Butter
(siehe Tipp Seite 28)
1 Knoblauchzehe (in Scheiben)
3 Scheiben Ingwer
2 Lorbeerblätter · 2 Petersilienstiele

AUSSERDEM

einige Kräuterblätter zum Garnieren
(z. B. Dill, Minze)

ZUBEREITUNG

1   Für das Gemüse den Spargel waschen, im unteren Drittel schälen, holzige Enden entfernen und die Spargelstangen schräg halbieren. Beide Karottensorten putzen, schälen, schräg in ½ cm dicke Scheiben schneiden und mit der Brühe in einen Topf geben. Chili, Zimt und Knoblauch hinzufügen, alles mit einem Blatt Backpapier bedecken und knapp unter dem Siedepunkt 10 bis 15 Minuten weich dünsten. Dabei nach 5 Minuten den Spargel hinzufügen und mitdünsten.

2   Pfeffer, Koriander, Anis, Fenchel und Zimt in eine Gewürzmühle füllen. Das Gemüse vom Herd nehmen, Chili und Zimt wieder entfernen und den Sud für die Marinade in eine Schüssel gießen. Essig und Olivenöl unterrühren und alles mit Chilisalz, 1 Prise Zucker und der Mischung aus der Gewürzmühle würzen. Das Gemüse trocken tupfen. Das Gemüse noch warm in der Marinade wenden und darin kurz ziehen lassen.

3   Die Quinoa mit Brühe, Lorbeerblatt, Knoblauch und Ingwer in einen Topf geben, mit einem Blatt Backpapier belegen und alles knapp unter dem Siedepunkt etwa 30 Minuten garen, bis die Körner gar, aber noch knackig sind. Die ganzen Gewürze wieder entfernen und die Quinoa mit Zitronen- und Orangenschale würzen.

4   Für die Nockerl die Kartoffeln mit Schale in reichlich Salzwasser weich garen. Abgießen, kurz ausdampfen lassen, heiß pellen, durch die Kartoffelpresse drücken und auf einem Backblech abkühlen lassen. Inzwischen den Quark in ein sauberes Küchentuch geben, das Tuch über dem Quark zusammenfassen und die Flüssigkeit aus dem Quark herauspressen (für 60 bis 70 g ausgedrückten Quark).

5   Mit den Händen 375 g Kartoffelschnee mit Quark, Speisestärke, Grieß, Ei, Chilisalz, etwas Muskatnuss und 30 g brauner Butter rasch zu einem glatten Teig verkneten. In einem Topf reichlich Salzwasser aufkochen und Knoblauch, Ingwer, Lorbeerblatt und Petersilienstiele hineingeben. Aus der Kartoffelmasse mit zwei Löffeln, die zwischendurch in Wasser getaucht werden, Nockerl formen und im siedenden Salzwasser knapp unter dem Siedepunkt je nach Größe 5 bis 10 Minuten ziehen lassen. Die Nockerl sind fertig, wenn sie an die Oberfläche steigen.

6   Die Nockerl mit dem Schaumlöffel herausnehmen, kurz abtropfen lassen und in einer großen Pfanne in der übrigen braunen Butter anbraten. Zuletzt die Quinoa einstreuen und die Nockerl darin wenden. Das Gemüse auf vorgewärmte Teller verteilen und die Nockerl mit der Quinoa daraufsetzen. Mit Kräuterblättern dekorieren.

VARIANTE

Aus dem Nockerlteig können Sie auch Fingernudeln zubereiten: Kleine Teigstücke zu 7 cm langen Nudeln mit spitzen Enden formen, wie oben garen und in brauner Butter wenden.

Gnocchi sardi
mit Tomaten und Pecorino

4 PERSONEN

100 g Zuckerschoten
80 g getr. Tomaten (in Öl)
1 Kästchen Pioppini-Pilze
(ersatzweise 2 Handvoll kleine
Champignons oder Pfifferlinge)
500 g Gnocchi sardi (ersatzweise
eine andere kleine Nudelsorte)
Salz · 5 Scheiben Ingwer
400 ml Gemüsebrühe
3 kleine getr. Chilischoten
1–2 EL Kapern
2 fein geriebene Knoblauchzehen
2–3 EL Basilikumblätter
(frisch geschnitten)
2 EL mildes Olivenöl zum Beträufeln
6–8 EL Pecorino-Späne

ZUBEREITUNG

1 Die Zuckerschoten putzen, waschen und schräg in ½ bis 1 cm breite Stücke schneiden. Die getrockneten Tomaten gut abtropfen lassen und in Würfel schneiden. Die Pioppini-Pilze trocken putzen und in einzelne kleine Pilze zerteilen.

2 Die Gnocchi sardi in reichlich kochendem Salzwasser mit 2 Ingwerscheiben, 4 Minuten kürzer als auf der Packung angegeben, garen. In ein Sieb abgießen und abtropfen lassen (dabei nicht mit Wasser nachspülen), den Ingwer wieder entfernen.

3 Die Brühe mit dem restlichen Ingwer und den Chilischoten in einer tiefen Pfanne erhitzen. Die vorgegarten Gnocchi sardi dazugeben und 2 bis 3 Minuten garen, bis sie fast die gesamte Flüssigkeit aufgenommen haben. Dann die Tomaten mit den Pilzen, Kapern und Knoblauch hinzufügen und darin kurz erhitzen.

4 Zum Servieren Ingwer und Chilischoten wieder entfernen und den Basilikum unterziehen. Die Gnocchi sardi auf vorgewärmte Pastateller verteilen, mit dem Olivenöl beträufeln und mit dem Pecorino bestreuen.

TAUSCHTIPP

Falls Sie nicht eingelegte getrocknete Tomaten verwenden,
sollten Sie diese vorher am besten in wenig Wasser etwa
20 Minuten weich garen. Anschließend in ein Sieb abgießen
und abkühlen lassen, dann wie beschrieben klein schneiden.

Gorgonzola-Ravioli
auf Maronensauce

ZUBEREITUNG

1   Für die Ravioli Mehl, Grieß, Eier, Olivenöl und 1 Prise Salz in der Küchenmaschine zu einem glatten, elastischen Nudelteig verkneten. Je nach Konsistenz noch Mehl oder Wasser hinzufügen. Den Teig in Frischhaltefolie wickeln und mindestens 30 Minuten kühl ruhen lassen.

2   Inzwischen für die Füllung die Zwiebel schälen und in feine Würfel schneiden. Die Zwiebelwürfel in einer Pfanne mit 100 ml Wasser weich garen, bis die Flüssigkeit eingekocht ist, abkühlen lassen. Die Birne waschen, halbieren, entkernen und in 2 bis 3 mm große Würfel schneiden.

3   Den Gorgonzola in einer Schüssel mit einer Gabel zerdrücken und mit Frischkäse und Eigelben verrühren. Zwiebel- und Birnenwürfel dazugeben und alles mit Chilisalz, Pfeffer und etwas Muskatnuss würzen. Die Füllung in einen Spritzbeutel mit Lochtülle (8–10 mm Durchmesser) füllen und 1 bis 2 Stunden kühl stellen.

4   Den Nudelteig in vier Portionen teilen und jede Portion mit der Nudelmaschine oder dem Nudelholz zu dünnen, langen Teigbahnen ausrollen, dabei mit etwas Mehl bestäuben. Die Teigbahnen mit Frischhaltefolie bedecken. Die Eiweiße mit wenig Salz würzen, verquirlen und die Hälfte der Teigbahnen dünn damit bestreichen.

5   Die Füllmasse mithilfe des Spritzbeutels im Abstand von 2 bis 3 cm auf die bestrichenen Teigbahnen spritzen und die restlichen Teigbahnen locker und so glatt wie möglich darüberlegen. Die obere Teigplatte mit den Fingern um die Füllung herum andrücken. Mit einem runden Ausstecher (etwa 5 cm Durchmesser) Ravioli ausstechen, die Ränder ohne Luftblasen verschließen und mit einer Gabel etwas andrücken. Die Ravioli bis zum Kochen auf ein mit Grieß bestreutes Tablett legen.

6   Zum Servieren die Ravioli in siedendem Salzwasser bissfest garen, mit dem Schaumlöffel herausheben und in einer großen tiefen Pfanne in zerlassener Butter wenden. Mit Chilisalz würzen.

7   Für die Sauce die Brühe mit den Maronen in einem Topf aufkochen. Die Sahne hinzufügen und alles mit dem Stabmixer fein pürieren. Vanille, Orangenschale, Marzipan und Schokolade hinzufügen und einige Minuten ziehen lassen. Das Vanillestück wieder entfernen. Die kalte Butter mit einem Stabmixer unterrühren und die Sauce mit Chilisalz abschmecken.

8   Zum Servieren die Haselnüsse in einer beschichteten Pfanne ohne Fett rösten, herausnehmen und abkühlen lassen. Die Maronensauce auf vorgewärmte Teller verteilen und die Ravioli darauf anrichten, mit Haselnüssen bestreuen und nach Belieben mit gemischten Kräuterblättern garnieren.

4 PERSONEN

FÜR DIE RAVIOLI

300 g doppelgriffiges Mehl
(Wiener Grießler)
120 g Hartweizengrieß · 4 Eier
3 EL mildes Olivenöl · Salz
½ kleine Zwiebel
½ reife Birne
250 g zimmerwarmer Gorgonzola
100 g Frischkäse
2 Eigelb
mildes Chilisalz
Pfeffer aus der Mühle
frisch geriebene Muskatnuss
2 EL Butter

FÜR DIE SAUCE

200 ml Gemüsebrühe
100 g gegarte Maronen
(vakuumverpackt)
100 g Sahne
3 cm Vanilleschote
1 Msp. abgeriebene unbehandelte
Orangenschale
1 TL Marzipanrohmasse
1 Msp. gehackte Zartbitterschokolade
2 EL kalte Butter
mildes Chilisalz

AUSSERDEM

Mehl zum Ausrollen
2 Eiweiß
Grieß für das Tablett
1 EL grob gehackte oder gehobelte
Haselnusskerne

Gemüse-Quinoa-Tatar
mit Wachtelspiegelei

4 PERSONEN

FÜR DAS TATAR

30 g Karotte
30 g Knollensellerie
30 g Lauch (mittelgrün)
50 g weiße Quinoa
50 g rote Quinoa
¼ l Gemüsebrühe
1 Knoblauchzehe (in Scheiben)
1 Scheibe Ingwer
70 g Frischkäse (Doppelrahmstufe)
1 TL Dijon-Senf
1 TL Sahnemeerrettich
1 EL Gartenkresse
(frisch geschnitten)
mildes Chilisalz
Pfeffer aus der Mühle

FÜR DAS GEMÜSE

1–2 kleine vorgegarte Rote Beten
(vakuumverpackt)
2 kleine Stangen Staudensellerie
Salz · 100 ml Gemüsebrühe
1 EL Weißweinessig
1 EL Öl · mildes Chilisalz · Zucker

FÜR DIE WACHTELEIER

4 Wachteleier
1 TL braune Butter
(siehe Tipp Seite 28)
Salz

ZUBEREITUNG

1 Für das Tatar Karotte und Sellerie putzen, schälen und in etwa 2 mm große Würfel schneiden. Den Lauch putzen, waschen und ebenfalls in sehr kleine Würfel schneiden. Beide Quinoa-Sorten mit der Brühe in einen Topf geben, mit einem Blatt Backpapier bedecken und knapp unter dem Siedepunkt etwa 20 Minuten gar ziehen lassen.

2 Nach etwa 15 Minuten Garzeit die Gemüsewürfel mit Knoblauch und Ingwer hinzufügen und alles fertig garen. Den Topf vom Herd nehmen und alles abkühlen lassen, dann in ein Sieb abgießen und abtropfen lassen, dabei Knoblauch und Ingwer wieder entfernen. Die Quinoa-Gemüse-Mischung mit Frischkäse, Senf, Meerrettich und Gartenkresse mischen. Zuletzt das Tatar mit Chilisalz und Pfeffer würzen.

3 Für das Gemüse die Rote Beten in schmale Spalten schneiden (dabei am besten mit Einweghandschuhen arbeiten!). Den Sellerie putzen, waschen, die Stangen jeweils längs halbieren und schräg in etwa 3 cm lange Stücke schneiden. In kochendem Salzwasser einige Minuten bissfest garen. In ein Sieb abgießen, kalt abschrecken und gut abtropfen lassen.

4 Für die Marinade die Brühe mit Essig und Öl verrühren und mit Chilisalz und 1 Prise Zucker würzen. Eine Hälfte der Marinade mit den Rote-Bete-Spalten mischen und ziehen lassen, die andere Hälfte mit den Selleriestücken mischen und etwas ziehen lassen.

5 Für die Wachteleier eine Pfanne bei milder Temperatur erhitzen, die braune Butter mit einem Pinsel darin verstreichen und etwas salzen. Nacheinander die Wachteleier mit einem Sägemesser anritzen, in die Pfanne schlagen und darin 2 bis 3 Minuten zu Spiegeleiern stocken lassen.

6 Zum Servieren das Tatar mithilfe eines Anrichterings auf flache Teller verteilen und jeweils 1 Wachtelspiegelei daraufsetzen. Die marinierten Rote-Bete-Spalten und Selleriestücke darum herumlegen und alles nach Belieben mit einigen Staudensellerieblättern und Kresse garnieren.

VARIANTE

Die marinierten Rote Beten eignen sich übrigens auch gut zum Panieren und Ausbacken. Dazu marinierte Rote-Bete-Scheiben trocken tupfen und nacheinander in Mehl, verquirltem Ei und Weißbrotbröseln panieren. Dann in einer Pfanne in wenig Öl bei mittlerer Hitze rundherum goldbraun backen. Dazu passt ein Meerrettichdip (siehe Tipp Seite 10).

Gebackene pochierte Eier
mit getrüffeltem Rahmspinat

4 PERSONEN

FÜR DIE EIER

8 EL Essig
6 Eier (möglichst frisch)
2 EL doppelgriffiges Mehl
(Wiener Grießler)
5 EL Weißbrotbrösel
Salz
Öl zum Braten

FÜR DEN SPINAT

800 g Blattspinat
etwa 50 ml Gemüsebrühe
200 g Sahne
1 fein geriebene Knoblauchzehe
1 Msp. fein geriebener Ingwer
mildes Chilisalz
frisch geriebene Muskatnuss
einige Tropfen Trüffelöl
(nach Belieben ersatzweise frisch
geriebener Trüffel oder Trüffelpaste)

ZUBEREITUNG

1   Für die Eier in einem breiten Topf 2 l Wasser aufkochen und 4 EL Essig dazugießen. In vier kleine Schälchen je 1 EL Essig geben und 1 Ei vorsichtig hinein-
schlagen, dabei den Dotter möglichst nicht verletzen.

2   Das siedende Wasser vom Herd nehmen, mit einem Kochlöffel kreisförmig in
eine Richtung rühren, bis sich das Wasser jeweils dreht. Dann die Eier nacheinander aus den Schälchen in das sich drehende Wasser gleiten lassen, dabei weiter-
rühren, bis das Eiweiß sichtbar zu stocken beginnt. Das Eiweiß wickelt sich dabei
um das Eigelb. Je nach Temperatur des Wassers die Eier unter Rühren 8 bis 10 Minuten pochieren (das Wasser sollte eine Temperatur von 85 bis 90 °C aufweisen,
bei Bedarf wieder leicht erhitzen). Dann mit dem Schaumlöffel vorsichtig aus dem
Wasser heben, abtropfen und etwas abkühlen lassen.

3   Das Mehl und die Weißbrotbrösel jeweils in tiefe Teller geben. Die übrigen 2 Eier
mit 1 Prise Salz in einem tiefen Teller verquirlen. Die pochierten Eier zuerst im Mehl
wenden, dann durch das Ei ziehen und zuletzt in den Weißbrotbröseln wenden.
Nochmals durch das Ei ziehen und in den Weißbrotbröseln wenden (siehe Tipp).

4   In einer Pfanne 4 bis 5 EL Öl erhitzen und die panierten Eier darin bei mittlerer
Hitze rundherum goldbraun anbraten. Herausnehmen und auf Küchenpapier abtropfen lassen, warm halten.

5   Für den Rahmspinat den Spinat verlesen und waschen, dabei grobe Stiele entfernen. Etwa die Hälfte des Spinats in der Brühe kurz erhitzen, die Sahne dazugießen und alles nur kurz köcheln lassen. Spinat und Sahne in einen hohen Rührbecher geben und mit dem Stabmixer fein pürieren, dann die Mischung wieder in
die Pfanne gießen.

6   Die restlichen Spinatblätter hinzufügen, Knoblauch und Ingwer dazugeben und
die Spinatblätter kurz zusammenfallen lassen. Zuletzt den Rahmspinat mit Chilisalz
und Muskatnuss würzen und einige Tropfen Trüffelöl untermischen.

7   Zum Servieren den Rahmspinat auf vorgewärmte tiefe Teller verteilen und je
1 gebackenes Ei darauf anrichten.

PRAXISTIPP

*Lassen Sie die Eier nicht zu kurz garen – damit sie sich gut
panieren lassen, müssen sie relativ fest sein. Außerdem
sollten sie vor dem Panieren gut abgekühlt sein, sonst sind sie
noch zu heiß zum Anfassen (nicht einstechen!).*

Süßkartoffelsuppe
mit Wasabi-Backerbsen

ZUBEREITUNG

1 Für die Suppe die Süßkartoffeln schälen, waschen und in 1 cm große Würfel schneiden. Die Süßkartoffelwürfel in der Brühe knapp unter dem Siedepunkt etwa 20 Minuten weich garen.

2 Dann die Sahne und die Kokosmilch dazugießen, Ras-el-Hanout hinzufügen und alles mit dem Stabmixer fein pürieren. Zuletzt die kalte Butter untermixen und die Suppe mit Chilisalz würzen, warm halten.

3 Für die Backerbsen den Spinat verlesen, waschen und trocken schleudern, grobe Stiele entfernen. Den Spinat in kochendem Salzwasser kurz blanchieren. In ein Sieb abgießen, kalt abschrecken und abtropfen lassen. Mit den Händen das übrige Wasser gut ausdrücken und den Spinat grob hacken. Dann den Spinat mit dem Ei im Blitzhacker fein pürieren.

4 Das Mehl in einer Schüssel mit Spinat-Ei-Mischung, Milch, Meerrettich und Wasabi-Paste mischen, mit 1 Prise Salz würzen und mit dem Knethaken des Handrührgeräts zu einem glatten, zähen Teig verarbeiten (siehe Tipp). Den Teig zugedeckt etwa 10 Minuten ruhen lassen.

5 In einem breiten Topf oder in einer Fritteuse ausreichend Fett auf 160 bis 170 °C erhitzen. Mithilfe eines Spätzlehobels etwa ein Drittel des Teiges in das Fett hobeln und einige Minuten knusprig backen, dabei mehrmals umrühren. Die Backerbsen mit einer Fritteusenkelle herausnehmen und auf Küchenpapier abtropfen lassen. Den übrigen Teig auf dieselbe Weise in zwei weiteren Durchgängen zubereiten. (Die Backerbsen sollten in mehreren Durchgängen im Fett gebacken werden, damit das Fett nicht überschäumt.)

6 Zum Servieren die Süßkartoffelsuppe auf vorgewärmte tiefe Teller verteilen und die Backerbsen darüberstreuen.

4 PERSONEN

FÜR DIE SUPPE

600 g Süßkartoffeln
700 ml Gemüsebrühe
150 g Sahne
150 g Kokosmilch
2 TL Ras-el-Hanout
40 g kalte Butter
mildes Chilisalz

FÜR DIE BACKERBSEN

50 g Blattspinat
Salz · 1 Ei
80 g doppelgriffiges Mehl
(Wiener Grießler)
3 EL Milch
1 TL Tafelmeerrettich
1 geh. TL Wasabi-Paste
Fett zum Frittieren

PRAXISTIPP

Der Backerbsenteig hat die richtige Konsistenz, wenn er so zähflüssig wie Spätzleteig ist. Je nachdem, wie stark die blanchierten Spinatblätter ausgedrückt und wie groß die Eier sind, kann die Konsistenz etwas variieren. Bei Bedarf noch etwas Mehl dazugeben. Frisch gebacken, sind die Backerbsen richtig schön knusprig – sobald sie etwas länger liegen, werden sie weich. Deshalb am besten erst kurz vor dem Servieren ausbacken.

Bratapfel-Maronen-Suppe

4 PERSONEN

FÜR DIE SUPPE

½ rotschaliger Apfel
1 TL Puderzucker
350 g gegarte Maronen
(vakuumverpackt)
800 ml Gemüsebrühe · 200 g Sahne
1 TL Marzipanrohmasse
½ TL gehackte Zartbitterkuvertüre
1 Spritzer Orangenlikör
(z. B. Grand Marnier)
mildes Chilisalz
1 Msp. abgeriebene unbehandelte
Orangenschale
1 TL brauner Rum (Strohrum)
Zimtrinde

AUSSERDEM

1 Laugenstange
2 EL braune Butter
(siehe Tipp Seite 28)
4–6 Rosenkohlköpfchen
1 rotschaliger Apfel
1 TL Puderzucker
12 gegarte Maronen
(vakuumverpackt)

ZUBEREITUNG

1   Für die Suppe den Apfel waschen, halbieren und entkernen, die Viertel in etwa 1 cm große Würfel schneiden. Den Puderzucker in einem Topf hell karamellisieren und die Apfelwürfel darin etwas andünsten.

2   Die Maronen hinzufügen, die Brühe dazugießen und alles erhitzen. Die Sahne mit Marzipan, Kuvertüre und Orangenlikör dazugeben und die Suppe mit dem Stabmixer fein pürieren. Mit Chilisalz, Orangenschale und Rum würzen und etwas Zimt darüberreiben.

3   Die Laugenstange in dünne Scheiben schneiden und in 1 EL brauner Butter goldbraun anrösten. Herausnehmen und beiseitestellen.

4   Vom Rosenkohl die äußeren Blätter entfernen, die einzelnen Blätter ablösen und in kochendem Salzwasser etwa 2 Minuten bissfest blanchieren. In ein Sieb abgießen, kalt abschrecken und abtropfen lassen.

5   Den Apfel waschen, vierteln, entkernen und die Viertel in schmale Spalten schneiden. Den Puderzucker in einer Pfanne bei mittlerer Hitze hell karamellisieren und die Apfelspalten darin etwas andünsten. Die Maronen hinzufügen und erhitzen. Die Rosenkohlblätter mit der übrigen braunen Butter hinzufügen und kurz erhitzen.

6   Die Suppe in vorgewärmte tiefe Teller oder hitzebeständige Gläser verteilen und Apfelspalten, Maronen und Rosenkohlblätter darauf dekorativ anrichten. Die Laugenchips danebenlegen.

VARIANTE

Sehr fein schmeckt die Maronensuppe auch mit etwas Edelpilzkäse. Dafür beim Anrichten pro Portion je etwa 1 EL kräftigen Edelschimmelkäse – wie beispielsweise Roquefort, Bavaria blu oder Gorgonzola – grob zerkleinern. Die Käsestücke in die vorgewärmten tiefen Teller verteilen und die Suppe darübergeben.

Geeiste Gurkensuppe
mit Sommerrollen

4 PERSONEN

FÜR DIE SUPPE

1 Handvoll Babyspinat · Salz
2 große Salatgurken (800–850 g)
¼ Apfel
350 ml kaltes Kokoswasser
(ersatzweise kaltes Wasser)
1–2 EL milder Weinessig
1 TL Wasabi-Paste
½ TL abgeriebene unbehandelte
Limettenschale
1 TL fein geriebener Ingwer
1 fein geriebene Knoblauchzehe
mildes Chilisalz · Zucker
2 EL mildes Olivenöl
1 EL griech. Joghurt (10 % Fett)

FÜR DIE SOMMERROLLEN

1 Handvoll feine Reisfadennudeln
(25 g; keine Glasnudeln) · Salz
2 Handvoll gemischte Kräuterblätter
(z. B. Basilikum, Thai-Basilikum,
Kerbel, Koriander, Minze, Shiso-
Kresse)
1 rote Peperonischote
½ rote Spitzpaprikaschote
1 Karotte
4 große Reispapierblätter
(etwa 20 cm Durchmesser)

AUSSERDEM

1–2 EL grob gehackte Erdnusskerne
einige essbare Blüten und Kräuterblätter zum Garnieren (z. B. Kerbel,
Koriander, Minze)

ZUBEREITUNG

1 Für die Suppe die Spinatblätter verlesen und waschen. In Salzwasser etwa 1 Mi-nute blanchieren. In ein Sieb abgießen, kalt abschrecken und abtropfen lassen. Mit den Händen das übrige Wasser gut ausdrücken und den Spinat klein hacken.

2 Die Gurken schälen, längs halbieren, die Kerne mit einem Teelöffel heraus-kratzen und die Gurkenhälften in Würfel schneiden. Apfel schälen, entkernen und in Würfel schneiden. Gurken- und Apfelwürfel, Spinat, Kokoswasser, Essig, Wasabi, Limettenschale, Ingwer und Knoblauch in einen hohen Rührbecher geben. Mit Chili-salz und 1 Prise Zucker würzen und das Ganze mit dem Stabmixer fein pürieren. Oli-venöl und Joghurt hinzufügen und alles mit dem Mixer nochmals kurz durchrühren. Die Suppe im Kühlschrank etwa 1 Stunde ziehen lassen, anschließend nochmals etwas nachwürzen.

3 Für die Sommerrollen die Reisnudeln in reichlich kochendem Salzwasser etwa 4 Minuten garen. In ein Sieb abgießen, kalt abschrecken, gut abtropfen lassen und in 3 bis 4 cm lange Stücke schneiden. Die Kräuterblätter waschen und trocken tupfen. Peperoni und Spitzpaprika längs halbieren, entkernen, waschen und längs in feine Streifen schneiden. Die Karotte putzen, schälen, halbieren und längs in feine Streifen schneiden.

4 Zum Füllen zwei saubere Küchentücher in kaltes Wasser tauchen, nicht zu fest auswringen und jedes Tuch in der Mitte falten. Ein angefeuchtetes Küchentuch auf der Arbeitsfläche ausbreiten. Ein Reispapierblatt daraufleg, mit dem zweiten Küchentuch bedecken – nicht drücken – und das Reispapierblatt darin 3 Minuten einweichen (alternativ die Reispapierblätter kurz in Wasser tauchen, bis sie weich werden, und zum Nachziehen auf ein feuchtes Küchentuch legen).

5 Jeweils ein Viertel der Nudeln in einer Reihe auf dem unteren Drittel eines Reis-papierblatts verteilen, dabei links und rechts einen Rand von etwa 3 cm frei lassen. Dann jeweils etwa ein Viertel der Peperoni-, Paprika- und Karottenstreifen sowie der Kräuterblätter darauf verteilen. Den unteren Rand des Reispapierblatts über die Füllung legen, die Seitenränder einschlagen und das Blatt fest einrollen.

6 Zum Servieren die kalte Suppe auf tiefe Teller verteilen, die Sommerrollen in etwa 3 cm breite Stücke schneiden und als Einlage hineinsetzen. Mit Erdnüssen be-streuen und mit essbaren Blüten und Kräuterblättern garnieren.

PRAXISTIPP

Wenn die Reispapierblätter noch trocken sind, brechen sie sehr leicht: Deswegen beim Einweichen zwischen den Küchentüchern nicht drücken!

2

Meine vegetarische Kochschule

TEIL 1

Kichererbsen –
kugelrund und gesund

Schon ihr Name macht gute Laune und ihr Innenleben noch viel mehr. Ursprünglich kommen sie aus Kleinasien, werden aber heute überall auf der Erde angebaut. Auch in Deutschland, wo sie bereits im Mittelalter als Nahrungsmittel und Heilpflanze bekannt waren, wächst ihre Beliebtheit wieder rasant. Mit ihrem leicht nussigen Geschmack machen Kichererbsen in Hummus oder Falafel sowie in Eintöpfen oder Salaten eine gute Figur. Aus dem gemahlenen Kicherebsenmehl lässt sich ein würziger Ausbackteig für Gemüse und Fisch herstellen.

In der vegetarischen Küche zählen Kichererbsen zu den wichtigsten Zutaten, denn wie andere Hülsenfrüchte auch enthalten sie nicht nur wertvolle Kohlenhydrate, sondern auch 20 Prozent pflanzliches Eiweiß und hohe Mengen an Vitamin K, Eisen und Mangan. Somit sind sie ein gesunder Ersatz für Fleischprodukte, den man inzwischen in fast allen Supermärkten bekommt — entweder getrocknet oder bereits gegart in Gläsern oder Dosen. Wer sie lieber selbst vorbereiten möchte, sollte das Einweichwasser unbedingt entsorgen und zum Kochen frisches Wasser verwenden, so werden die Kichererbsen deutlich bekömmlicher.

Hummus

ETWA 200 G

170 g Kichererbsen (aus dem Glas)
3–4 Eiswürfel (je nachdem, wie stark die Kichererbsen Flüssigkeit aufnehmen)
1 TL Zitronensaft
½ TL Salz
2 EL helles Tahin (Sesampaste)
2–3 EL mildes Olivenöl zum Beträufeln
geröstete schwarze und weiße Sesamsamen zum Bestreuen

ZUBEREITUNG

1 Die Kichererbsen in ein Sieb abgießen und abtropfen lassen. Anschließend in ausreichend Wasser etwa 30 Minuten noch weicher garen. In ein Sieb abgießen, abtropfen und abkühlen lassen. Die Eiswürfel etwas antauen lassen und zerstoßen.

2 Dann die Kichererbsen im Blitzhacker grob pürieren (damit keine Klümpchen entstehen). Die Eiswürfel nach und nach dazugeben und alles so lange mixen, bis eine cremige Paste entstanden ist. Dabei das Tauwasser der Eiswürfel ebenfalls verwenden.

3 Zitronensaft mit Salz verrühren und unter das Püree mixen, dann Tahin untermixen. Humus auf flache Schalen oder tiefe Teller verteilen, mit Olivenöl beträufeln und mit Sesam bestreuen. Nach Belieben mit Fladenbrot servieren und mit Minze garnieren.

VARIANTEN

Auch mal so: 30 g Frischkäse (Doppelrahmstufe) unterrühren oder mit je 1 Msp. fein geriebenem Knoblauch oder Ingwer, Chili, Kardamom oder Kreuzkümmel würzen. Mandel- oder Erdnussmus statt Tahin verwenden und 1 EL Naturjoghurt hinzufügen.

Falafel im Sesammantel

4 PERSONEN

175 g getr. Kichererbsen
½ gestr. TL Natron
1 EL Korianderblätter
2 Knoblauchzehen
½ weiße Zwiebel
1 TL Salz
1 TL gemahlener Kreuzkümmel
½ TL gemahlener Koriander
½ TL Pfeffer aus der Mühle
½ TL gemahlener Sternanis
½ TL gemahlener Kardamom
1 Prise Ingwerpulver
1 TL Backpulver
Öl oder Frittierfett zum Ausbacken
helle Sesamsamen zum
Bestreuen

ZUBEREITUNG

1 Die Kichererbsen in einer Schüssel mit ½ l Wasser bedecken, Natron dazugeben und unterrühren, alles über Nacht einweichen. Am nächsten Tag in ein Sieb abgießen und gut abtropfen lassen (ergibt etwa 350 g). Den Koriander waschen und trocken tupfen. Knoblauch und Zwiebel schälen. Die Kichererbsen mit Koriander, Knoblauch und Zwiebel zweimal durch den Fleischwolf drehen (feine Scheibe, ersatzweise mit dem Blitzhacker arbeiten). Die Masse mit Salz und Gewürzen mischen und bis zu 100 ml Wasser dazugeben, bis eine cremige und gut formbare Masse entstanden ist. Die Masse zugedeckt im Kühlschrank 1 Stunde ruhen lassen.

2 Danach das Backpulver hinzufügen und gründlich unterrühren. Bei Bedarf mehr Wasser dazugeben, sodass eine gut formbare Masse entsteht.

3 Die Kichererbsenmasse mit einem Falafel-Former zu flachen Bratlingen oder mit angefeuchteten Händen zu Bällchen formen. Das Öl in einem hohen Topf oder einer Fritteuse auf 180 °C erhitzen. Die Falafel mit Sesam bestreuen und diesen etwas andrücken, dann im Fett portionsweise rundherum etwa 5 Minuten goldbraun ausbacken. Herausnehmen und auf Küchenpapier abtropfen lassen.

PRAXISTIPP

Das Geheimnis guter Falafel – außen knusprig, innen weich – besteht darin, dass die Masse mindestens 1 Stunde im Kühlschrank zieht. Dazu passt eine Joghurtsauce: Dafür 1 Salatgurke schälen, halbieren und die Kerne entfernen, die Gurkenhälften in feine Würfel schneiden. 200 g griech. Joghurt (10 % Fett) und 1 TL Tahin verrühren, mit mildem Chilisalz, 1 Spritzer Zitronensaft sowie je 1 Prise Zucker und gemahlenem Kardamom würzen, zuletzt die Gurkenwürfel untermischen.

Pakora mit Mango-Chili-Salsa

4 PERSONEN

FÜR DIE PAKORA

siehe Rezept Seite 146/147

FÜR DIE SALSA

2 vollreife Mangos
1 Frühlingszwiebel
1 frische rote Chilischote
1–2 EL Limettensaft
je ½ TL abgeriebene unbehandelte
Limetten- und Orangenschale

ZUBEREITUNG

1 Die Pakora (gebackenes Gemüse im Kichererbsenteig), wie im Rezept auf Seite 146/147 beschrieben, zubereiten.

2 Für die Mango-Chili-Salsa die Mangohälften auf den flachen Seiten vom Stein schneiden, schälen und in ½ bis 1 cm große Würfel schneiden. Die Hälfte der Mangowürfel in einen hohen Rührbecher geben und mit dem Stabmixer fein pürieren, dann mit den restlichen Mangowürfeln mischen.

3 Die Frühlingszwiebel putzen, waschen und in dünne Ringe schneiden. Die Chilischote längs halbieren, entkernen, waschen und in kleine Würfel schneiden (ergibt etwa 1 EL). Frühlingszwiebel und Chili unter die Mango-Salsa mischen, Limettensaft, Limetten- und Orangenschale unterrühren und alles mit etwas Salz würzen.

4 Das gebackene Gemüse auf vorgewärmten Tellern anrichten und die Mango-Chili-Salsa dazu reichen.

Linsen –
bunte Hülsenfruchtvielfalt

Linsen sind so gefragt wie noch nie – und das ist auch gut so! Wurden früher aus den gewöhnlichen braunen Tellerlinsen eher fade Eintöpfe gekocht, bekommen diese seit einigen Jahren mehr und mehr Konkurrenz in allen möglichen Farben und Formen: Von roten und gelben Linsen, über kleine schwarze Beluga-Linsen, bis hin zu grünlichen Puy-Linsen lassen die Hülsenfrüchte keinerlei Wünsche offen. Sie sehen nicht nur hübsch aus, sondern punkten auch mit ihren inneren Werten. Linsen enthalten kein Gramm Fett, dafür aber jede Menge Eiweiß, Ballaststoffe und Mineralstoffe wie Eisen, Magnesium und Phosphor. Sie machen lange satt und sind in der Küche vielseitig einsetzbar.

Mehr Biss für Salate und Beilagen erwünscht? Dann erfüllen Beluga-Linsen alle Kriterien und entwickeln dabei beim Kochen ein nussiges Aroma, das an Maronen erinnert. Eine samtige Suppe oder ein feiner Eintopf? Rote Linsen sind dafür bestens geeignet und ohne Einweichen ruck, zuck einsatzbereit. Nur roh soll man sie nicht genießen, da sie Lektine enthalten – Eiweißstoffe, die die roten Blutkörperchen zusammenkleben lassen und Entzündungen oder Blutungen hervorrufen können. Dies gilt nicht für selbst gezogene Linsenkeimlinge.

Rote-Linsen-Suppe mit Kokosmilch

4 PERSONEN

1 Zwiebel
½ TL Puderzucker
1 EL Tomatenmark
150 g rote Linsen
1 l Gemüsebrühe
1 EL Kokosraspel
200 ml Kokosmilch
1 EL Biryani- oder ein anderes
mildes Currypulver
2 EL kalte Butter
mildes Chilisalz
einige Koriander- und Minzeblätter
zum Garnieren

ZUBEREITUNG

1   Die Zwiebel schälen und in feine Würfel schneiden. Den Puderzucker in einen Topf bei milder Hitze hell karamellisieren und die Zwiebelwürfel darin andünsten. Das Tomatenmark dazugeben und kurz mitdünsten. Die Linsen hinzufügen und die Brühe dazugießen. Alles offen knapp unter dem Siedepunkt 20 Minuten ziehen lassen, bis die Linsen weich sind. Dabei nach 10 Minuten Garzeit etwa 4 EL Linsen für die Einlage herausnehmen und beiseitestellen.

2   Inzwischen die Kokosraspel in einer beschichteten Pfanne ohne Fett hell rösten, herausnehmen und abkühlen lassen. Kokosmilch und Currypulver zur Suppe hinzufügen und alles mit dem Stabmixer fein pürieren. Die kalte Butter untermixen und die Suppe mit Chilisalz würzen. Die Rote-Linsen-Suppe nochmals mit dem Stabmixer aufschäumen und auf vorgewärmte tiefe Teller verteilen. Je 1 EL beiseitegestellte Linsen in die Mitte setzen, mit Kokosraspeln bestreuen und mit Koriander und Minze garnieren.

TAUSCHTIPP

Statt Currypulver können Sie auch 3 TL rote Thai-Currypaste verwenden oder die Suppe mit Ras-el-Hanout oder Berbere würzen. Die Kokosmilch lässt sich auch durch Sahne ersetzen.

Fruchtsalat mit Joghurt und Beluga-Linsen

4 PERSONEN

FÜR DEN SALAT

200 g Ananas · ½ Mango
½ Papaya (200 g) · 1 Kiwi
200 g Honigmelone
4 EL Granatapfelkerne
1 Spritzer Zitronensaft
1 EL Puderzucker
etwas gemahlener Kardamom

FÜR DEN JOGHURT

150 g griech. Joghurt (10 % Fett)
1 Spritzer Zitronensaft
je 1 TL abgeriebene unbehandelte
Zitronen- und Orangenschale
1 EL Honig

FÜR DIE LINSEN

1–2 EL Beluga-Linsen
Salz · Zucker

ZUBEREITUNG

1   Für den Fruchtsalat die Früchte schälen, bei Bedarf entkernen und in 1 bis 2 cm große Stücke schneiden. Mit den Granatapfelkernen mischen und mit Zitronensaft, Puderzucker und Kardamom würzen.

2   Für den Joghurt den Joghurt mit Zitronensaft und -schale, Orangenschale und Honig verrühren. Für die Beluga-Linsen die Linsen in etwas gesalzenem und gezuckertem Wasser etwa 20 Minuten weich garen. Anschließend in ein Sieb abgießen, kalt abbrausen und abtropfen lassen.

3   Den Fruchtsalat auf tiefe Teller oder Schalen verteilen, mit dem Zitronenjoghurt beträufeln und die Beluga-Linsen darüberstreuen.

PRAXISTIPP

Egal, welche Linsen Sie garen: Falls Essig in der Zutatenliste steht, sollten Sie diesen immer erst kurz vor dem Servieren hinzufügen. Wird er gleich zu Beginn dazugegeben, bleiben die Linsen beim Kochen zunächst lange hart, werden dann plötzlich weich und zerfallen sehr schnell.

Quinoa –
Kraftbündel der Inkas

Quinoa ist derzeit in aller Munde, und das zu Recht: Aufgrund seines hohen Nährstoffgehalts ist das Pseudogetreide aus den Anden besonders gesund. Es dient als wertvolle Quelle für Vitamin B_2 und das fettlösliche Vitamin E sowie für die Mineralstoffe Eisen, Zink und Magnesium. Außerdem liefert Quinoa reichlich Eiweiß von hochwertiger Qualität, da es alle essentiellen Aminosäuren (Eiweißbausteine) enthält. Bei der Zubereitung sollte man die Quinoa deshalb nicht zerkochen, damit die wichtigen Inhaltsstoffe geschont werden und nicht verloren gehen. Botanisch zählt Quinoa zu den Gänsefußgewächsen und ist eng verwandt mit Spinat und Roter Bete. Die essbaren Samen der krautartigen Pflanze haben ein breites Farbspektrum, das von Schwarz über Rot bis Weiß reicht.

Da die Quinoa-Körner kein Gluten enthalten, eignen sie sich auch für die Ernährung von Menschen, die unter Gluten-Sensitivität, Zöliakie oder Weizenunverträglichkeit leiden. Quinoa lässt sich ähnlich wie Reis verwenden: Sie schmeckt als Beilage zu Schmorgerichten und Currys, in Gemüsepfannen oder Salat, und man kann kleine Pflanzerl daraus zubereiten.

Marinierte Kohlrabischeiben mit getrüffelter Quinoa

4 PERSONEN

FÜR DEN KOHLRABI

2 junge Kohlrabi (ca. 500 g)
125 ml Gemüsebrühe (nach Bedarf)
1 EL Weißweinessig · 1 EL Öl
einige Tropfen Trüffelöl
mildes Chilisalz · Zucker

FÜR DIE QUINOA

je 50 g weiße und rote Quinoa
¼ l Gemüsebrühe
je 30 g Karotte, Knollensellerie und
Lauch (nur die hellgrünen Teile;
in kleinen Würfeln)
1 Knoblauchzehe (in Scheiben)
1 Scheibe Ingwer
70 g Frischkäse (Doppelrahmstufe)
1 EL fein geriebener schwarzer
Trüffel
mildes Chilisalz
Pfeffer aus der Mühle

ZUBEREITUNG

1   Für den Kohlrabi die Knollen schälen und die holzigen Teile entfernen. Die Kohlrabi in dünne Scheiben schneiden und mit der Brühe in einen Topf geben. Mit einem Blatt Backpapier bedecken und knapp unter dem Siedepunkt etwa 10 Minuten bissfest dünsten. In ein Sieb abgießen und die Brühe auffangen.

2   Für die Marinade 80 ml Kohlrabibrühe in einen hohen Rührbecher geben, dabei bei Bedarf mit Brühe auffüllen. Essig und Öl hinzufügen, mit Trüffelöl, Chilisalz und 1 Prise Zucker würzen und alles mit dem Stabmixer verrühren. Die Kohlrabischeiben in der Marinade etwas ziehen lassen.

3   Für die Quinoa beide Quinoa-Sorten mit der Brühe in einen Topf geben, mit einem Blatt Backpapier bedecken und knapp unter dem Siedepunkt etwa 20 Minuten garen. Dabei nach 15 Minuten Garzeit die Gemüsewürfel mit Knoblauch und Ingwer hinzufügen. Danach alles abkühlen lassen, in ein Sieb abgießen und gut abtropfen lassen. Die Quinoa mit Frischkäse und Trüffel mischen und mit Chilisalz, Pfeffer und nach Belieben mit noch ein paar Tropfen Trüffelöl würzen.

4   Zum Servieren die Kohlrabischeiben aus der Marinade nehmen und überlappend auf Tellern anrichten, mit der Marinade beträufeln. Die Quinoa mithilfe eines Anrichterings auf dem Kohlrabi mittig anrichten und nach Belieben mit Kerbel garnieren.

Quinoa-Salat

4 PERSONEN

FÜR DEN KOHLRABI

siehe Rezept oben – ohne Trüffelöl

FÜR DIE QUINOA

¼ l Gemüsebrühe
1 Lorbeerblatt
1 kleine getr. rote Chilischote
1 Zimtsplitter
1 Knoblauchzehe (in Scheiben)
100 g rote Quinoa
je 1 Msp. abgeriebene unbehandelte Zitronen-, Limetten- und
Orangenschale
1–2 TL braune Butter

ZUBEREITUNG

1   Für den Kohlrabi 2 junge Knollen, wie im Rezept oben beschrieben, zubereiten, allerdings ohne Trüffelöl.

2   Für die Quinoa die Brühe mit Lorbeer, Chili, Zimt und Knoblauch in einen Topf geben und die Quinoa unterrühren. Alles mit einem Blatt Backpapier bedecken und knapp unter dem Siedepunkt etwa 20 Minuten dünsten, bis die Körner gar, aber noch knackig sind.

3   Die ganzen Gewürze wieder entfernen und die Quinoa mit Zitronen-, Limetten- und Orangenschale würzen. Zuletzt die braune Butter unterrühren.

4   Zum Servieren die Kohlrabischeiben aus der Marinade nehmen und überlappend auf flachen Tellern anrichten, mit der Marinade beträufeln. Die Quinoa darum herumverteilen und alles nach Belieben mit Salatblättern und essbaren Blüten garnieren.

Couscous – Tradition aus dem Maghreb

Couscous ist eine Spezialität aus Nordafrika (Marokko, Algerien, Tunesien), eine Art Grieß, meist aus Hartweizen, aber auch aus Hirse, Grünkern oder Gerste – erhältlich in feiner, mittlerer und grober Körnung. Bei der Herstellung wird der Hartweizen zu Grieß gemahlen, dann mit Wasser angefeuchtet und zu kleinen Kügelchen gerollt. Diese werden mit Wasserdampf behandelt, damit die Stärke verkleistert und die Kügelchen stabil bleiben. Zuletzt trocknet man die Couscous-Körner.

Gart man Couscous über Dampf, wird er schön locker, aber eher trocken! Der Hartweizen quillt vollständig aus und ist gut bekömmlich. Couscous schmeckt als Beilage zu Schmorgerichten mit Fleisch oder Gemüse sowie zu saucenreichen Gemüsegerichten. Gut kombinieren lässt er sich außerdem mit Salaten. Da Couscous in der Regel vorgegart ist, lässt er sich als Instant-Variante, mit Brühe aufgegossen, sehr schnell zubereiten.

In seinem Heimatland Marokko wird Couscous traditionell mit Ras-el-Hanout pikant gewürzt. Couscous eignet sich aber auch zur Herstellung von Süßspeisen – zum Beispiel mit Milch, Rosinen oder Mandeln für Couscous-Creme oder -Kuchen.

Grundrezept Couscous

4 PERSONEN

120 g Instant-Couscous
150 ml Gemüsebrühe
1 TL Ras-el-Hanout

ZUBEREITUNG

Couscous in eine Schüssel geben. Brühe aufkochen, Ras-el-Hanout unterrühren und die Mischung über den Couscous gießen. Die Schüssel mit Frischhaltefolie zudecken und den Couscous mindestens 7 Minuten quellen lassen und mit einer Gabel auflockern. Couscous ist prima als Beilage zu Fleisch und macht sich auch gut in Salat.

PRAXISTIPP

Traditionell dämpft man Couscous über dem jeweiligen Hauptgericht, das er begleiten soll. Das Dämpfen an sich dauert nämlich sehr lange – selbst Instant-Couscous braucht dabei mindestens 2 Stunden zum Garen. Das Dämpfen als Garmethode ist optimal, wenn der Couscous über einem Schmorgericht mit langer Garzeit, beispielsweise über einem Fleischragout, sozusagen nebenbei mitgart. Dazu einen Dämpfaufsatz auf den Schmortopf setzen. Ein sauberes, feuchtes Küchentuch hineinlegen und den Couscous daraufstreuen. Dann zugedeckt während des gesamten Garprozesses mitdämpfen, dabei zwischendurch ab und zu umrühren.

Couscous-Salat

4 PERSONEN

2 EL Rosinen
80 ml heißer Schwarztee
120 g Instant-Couscous
175 ml Gemüsebrühe
150 g junge Stangen Staudensellerie (samt Blättern)
200 g bunte Cocktailtomaten
200 g Salatgurke
1 kleine rote Paprikaschote
½ Bund Frühlingszwiebeln
1–2 EL Weißweinessig
1 EL mildes Olivenöl
1 EL Arganöl · mildes Chilisalz
½–1 TL Ras-el-Hanout · Zucker
je 1 EL Minze- und Petersilien-
oder Korianderblätter
(frisch geschnitten)
je 2 EL Pistazienkerne, geröstete
Mandelblättchen und Granatapfelkerne zum Garnieren

ZUBEREITUNG

1 Die Rosinen im heißen Schwarztee etwa 30 Minuten einweichen, dann in ein Sieb abgießen und abtropfen lassen.

2 Den Couscous in eine Schüssel geben. 125 ml Brühe aufkochen und über den Couscous gießen. Die Schüssel mit Frischhaltefolie zudecken und den Couscous mindestens 7 Minuten quellen lassen, anschließend mit einer Gabel auflockern.

3 Inzwischen den Sellerie putzen, waschen, die Blätter abzupfen und beiseitelegen, die Stangen in dünne Scheiben schneiden. Die Cocktailtomaten waschen und halbieren. Die Gurke schälen, längs halbieren, die Kerne mit einem Teelöffel entfernen und die Gurkenhälften in Würfel schneiden. Die Paprikaschote längs halbieren, entkernen, waschen und in Würfel schneiden. Die Frühlingszwiebeln putzen, waschen und schräg in dünne Ringe schneiden.

4 Für das Dressing die restliche Brühe mit Essig, Olivenöl und Arganöl verrühren und mit Chilisalz, Ras-el-Hanout und 1 Prise Zucker würzen. Couscous, Gemüse und Kräuter mit dem Dressing gründlich verrühren.

5 Den Couscous-Salat auf einer großen Platte oder auf Tellern anrichten und mit Rosinen, Pistazien, Mandelblättchen und Granatapfelkernen bestreuen. Mit den beiseitegelegten Staudensellerieblättern dekorieren.

Gemüsecouscous

4 PERSONEN

2 Karotten
2 gelbe Karotten
2 Stangen Staudensellerie
1 große Fenchelknolle
1 große Lauchstange
(nur der feste Teil)
125 ml Gemüsebrühe
1 Lorbeerblatt
1 kleine getr. rote Chilischote
2 EL mildes Olivenöl

AUSSERDEM

1 Grundrezept Couscous als Beilage
(siehe Seite 56; am besten frisch
zubereitet und noch warm)

ZUBEREITUNG

1 Die Karotten putzen, schälen und längs halbieren oder größere Exemplare schräg in 1 ½ bis 2 cm dicke Scheiben schneiden. Den Staudensellerie putzen, waschen, längs halbieren und schräg in 4 bis 5 cm lange Stücke schneiden.

2 Den Fenchel putzen, waschen, halbieren und die Hälften mit Strunk in etwa 1 cm dicke Scheiben schneiden. Den Lauch putzen, waschen und schräg in 1 ½ bis 2 cm dicke Scheiben schneiden.

3 Das Gemüse mit der Brühe in einen Topf geben. Lorbeerblatt und Chili hinzufügen, alles mit einem Blatt Backpapier bedecken und knapp unter dem Siedepunkt etwa 15 Minuten weich dünsten.

4 Den bereits gequollenen Couscous in eine vorgewärmte Auflaufform füllen und mit Olivenöl mischen. Das Gemüse darauf anrichten, dabei Lorbeerblatt und Chili wieder entfernen. Der Gemüsecouscous ist ein eigenständiges vegetarisches Gericht, eignet sich aber auch ausgezeichnet als Beilage zu Fleisch, Geflügel und Fisch.

Buchweizen –
ideal für glutenfreie Küche

Buchweizen zählt – wie Quinoa – nicht zu den Getreiden, sondern gehört zur Familie der Knöterichgewächse. Seine Verwandten sind zum Beispiel Sauerampfer und Rhabarber. Als Pseudogetreide enthält Buchweizen wie Quinoa kein Gluten (Klebereiweiß) und ist daher empfehlenswert für diejenigen, die unter Glutenunverträglichkeit leiden. Zum Backen wird Buchweizen mit Weizenmehl gemischt und damit das nötige Gluten ergänzt, um das gewünschte Backvolumen zu erlangen.

Buchweizen enthält Eiweiß, B-Vitamine sowie die Mineralstoffe Magnesium, Phosphor, Eisen und Zink. Die Form seiner Körner erinnert an heimische Bucheckern – daher rührt auch der Name. Buchweizen besitzt eine harte Schale, die auch durch Kochen nicht aufgeschlossen wird. Man verwendet ihn deshalb stets geschält; im Handel ist Buchweizen als ganzes geschältes Korn sowie in Form von Grütze, Flocken oder Mehl erhältlich. Das nussige Buchweizenaroma eignet sich bestens für Bratlinge und pikante Teige für Pasta oder die bretonischen Pfannkuchen, Galettes genannt. In Südtirol ist Buchweizen übrigens sehr verbreitet und heißt dort auch „Schwarzplenten" (Schwarzpolenta).

Buchweizen-Blinis mit Gurkenperlen und Sauerrahm

ETWA 12 STÜCK

FÜR DIE BLINIS

¼ Würfel Hefe (ca. 10 g)
25 g Weizenmehl
½ TL Zucker
75 g feines Buchweizenmehl
mildes Chilisalz
1 Ei · ½ TL Salz
Öl zum Braten

FÜR DIE GURKEN

1 Salatgurke · Salz
1–2 TL Weißweinessig
1–2 TL Öl
mildes Chilisalz · Zucker

FÜR DEN SAUERRAHM

200 g saure Sahne (Sauerrahm)
1 Spritzer Zitronensaft
1 Msp. abgeriebene unbehandelte
Zitronenschale
mildes Chilisalz · Zucker

AUSSERDEM

einige Dillspitzen zum Garnieren

ZUBEREITUNG

1 Für die Blinis die Hefe zerbröckeln und mit 1 EL warmem Wasser, 1 EL Weizenmehl und dem Zucker glatt verrühren. Zugedeckt an einem warmen Ort etwa 15 Minuten gehen lassen (Dampferl).

2 Das Ei trennen. Das übrige Weizenmehl mit Buchweizenmehl, Chilisalz und Eigelb in eine Schüssel geben. Das Dampferl mit 100 ml lauwarmem Wasser hinzufügen und alles zu einem glatten Teig verrühren. Den Teig zugedeckt an einem warmen Ort etwa 30 Minuten gehen lassen. Dann das Eiweiß mit dem Salz zu einem cremigen Schnee schlagen und unter den Teig heben.

3 In einer Pfanne jeweils etwas Öl bei mittlerer Temperatur erhitzen, Portionen von je etwa 1 EL Teig nebeneinander hineinsetzen und die Blinis von etwa 7 cm Durchmesser auf beiden Seiten goldbraun ausbacken. Herausnehmen und warm halten.

4 Für die Gurkenperlen die Gurke schälen und mit einem Perlenausstecher kleine Kugeln rund um das Kerngehäuse ausstechen. Danach das Kerngehäuse entfernen.

5 Die Gurkenperlen in kochendem Salzwasser etwa 2 Minuten blanchieren, in ein Sieb abgießen, kalt abschrecken und abtropfen lassen. Die Hälfte der Gurkenperlen mit Essig und Öl marinieren und mit Chilisalz und 1 Prise Zucker würzen.

6 Für den Sauerrahm die saure Sahne mit 1 Spritzer Zitronensaft und Zitronenschale verrühren und mit Chilisalz und 1 Prise Zucker würzen. Die übrigen Gurkenperlen unter den Sauerrahm rühren.

7 Die Blinis auf vorgewärmte Teller verteilen, je etwas Sauerrahm darum herumträufeln und die marinierten Gurkenperlen darauf verteilen. Mit Dillspitzen garnieren.

PRAXISTIPP

Bei den Blinis müssen Sie nicht an Salz sparen. Um den Geschmack zu testen, am besten aus dem Teig ein Probe-Blini backen und nach Geschmack noch etwas nachwürzen, bevor die ganze Masse zu Blinis verarbeitet wird.

Schlutzkrapfen
mit Spinat-Ricotta-Füllung

4 PERSONEN

FÜR DEN NUDELTEIG

100 g Weizenmehl
100 g feines Buchweizenmehl
70 g Milch · 1 Ei · Salz

FÜR DIE FÜLLUNG

300 g Blattspinat · Salz
½ Zwiebel
1 EL braune Butter
(siehe Tipp Seite 28)
150 g Ricotta
40 g geriebener Parmesan
mildes Chilisalz
1 Msp. abgeriebene unbehandelte
Zitronenschale
frisch geriebene Muskatnuss

AUSSERDEM

Mehl zum Ausrollen
1 verquirltes Ei · Salz
2 kleine getr. rote Chilischoten
2 Lorbeerblätter
100 g braune Butter
1 Knoblauchzehe (in Scheiben)
½ Vanilleschote
1 EL Schnittlauchröllchen
1 EL geriebener Parmesan
Pfeffer aus der Mühle

ZUBEREITUNG

1 Für den Nudelteig beide Mehlsorten, Milch, Ei und 1 Prise Salz zu einem festen, glatten Teig verkneten (siehe Tipp). Den Teig in Frischhaltefolie wickeln und im Kühlschrank etwa 30 Minuten ruhen lassen.

2 Für die Füllung den Spinat verlesen, waschen und trocken schleudern, grobe Stiele entfernen. Den Spinat in kochendem Salzwasser kurz blanchieren. In ein Sieb abgießen, kalt abschrecken und abtropfen lassen. Mit den Händen das übrige Wasser gut ausdrücken und den Spinat hacken.

3 Die Zwiebel schälen und in feine Würfel schneiden. Die braune Butter in einer Pfanne erhitzen und die Zwiebelwürfel darin bei milder Hitze andünsten, vom Herd nehmen. Den Spinat mit Ricotta, Parmesan und Zwiebelwürfeln verrühren. Die Masse mit Chilisalz, Zitronenschale und etwas Muskatnuss würzen.

4 Den Nudelteig mithilfe der Nudelmaschine oder mit dem Nudelholz dünn zu etwa 6 cm breiten Teigbahnen ausrollen, dabei mit etwas Mehl bestäuben. Die Teigbahnen dünn mit dem verquirlten Ei bestreichen. Mit einem Teelöffel im Abstand von 3 bis 4 cm etwas Füllung in die Mitte der Teigbahnen setzen. Die Teigbahnen längs über die Füllung legen und mit den Fingern um die Füllung herum andrücken. Mit einem runden Ausstecher (etwa 5 cm Durchmesser) halbmondförmige Taschen ausstechen und die Ränder ohne Luftblasen verschließen.

5 In einem Topf reichlich Salzwasser aufkochen und Chilischoten und Lorbeerblätter dazugeben. Die Schlutzkrapfen im kochenden Salzwasser 2 Minuten bissfest garen, mit dem Schaumlöffel herausheben und abtropfen lassen.

6 Die braune Butter in einer Pfanne zerlassen, Knoblauch und Vanilleschote dazugeben und mit Chilisalz würzen. Die Schlutzkrapfen in der braunen Butter schwenken und nach Belieben mit Chilisalz würzen.

7 Die Schlutzkrapfen auf vorgewärmte Tellern verteilen, mit dem Schnittlauch und dem Parmesan bestreuen und Pfeffer grob darübermahlen.

PRAXISTIPP

Je nach Beschaffenheit des Buchweizenmehls sowie der Größe der Eier kann die Konsistenz etwas variieren. Ist der Teig zu weich, einfach etwas mehr Buchweizen- oder Weizenmehl dazugeben.

Galettes mit Orangen-Pflaumen-Ragout

ETWA 12 STÜCK

FÜR DIE PFANNKUCHEN

250 g Buchweizenmehl
350 ml Milch · 1 TL Salz
1 EL Zucker
1 TL Vanillezucker · 1 Ei
50 g zerlassene Butter

FÜR DAS RAGOUT

3 Orangen · 2 blaue Pflaumen
60 g Puderzucker
¼ l Orangensaft
30 g Zucker
½ Vanilleschote
1 Zimtsplitter
1 Streifen unbehandelte
Orangenschale
1 TL Speisestärke
1 TL Orangenlikör
(z. B. Grand Marnier)
4 Minzespitzen zum Garnieren

ZUBEREITUNG

1   Für die Pfannkuchen das Buchweizenmehl mit Milch, Salz, Zucker und Vanillezucker mit dem Schneebesen glatt verrühren. Dann das Ei und 350 ml Wasser und zuletzt die zerlassene Butter einrühren. Den Teig 1 Stunde ruhen bzw. quellen lassen, damit er sich danach gut backen lässt.

2   Eine große Pfanne bei mittlerer Temperatur erhitzen und aus dem Teig nach und nach dünne Pfannkuchen backen. Herausnehmen und beiseitestellen.

3   Für das Ragout die Orangen so großzügig schälen, dass auch die weiße Haut mit entfernt wird. Mit einem scharfen Messer zwischen den Trennhäuten die Filets herausschneiden. Die Pflaumen waschen, halbieren und entsteinen, die Hälften in schmale Spalten schneiden.

4   Den Puderzucker in einem Topf bei milder Hitze karamellisieren und den Orangensaft dazugießen. Zucker, Vanille, Zimt und Orangenschale hinzufügen und alles bei mittlerer Temperatur aufkochen. Die Speisestärke mit wenig kaltem Wasser glatt rühren, in den Orangensaft geben und köcheln lassen, bis dieser sämig bindet. Dann noch 1 bis 2 Minuten köcheln lassen. Vom Herd nehmen, die Pflaumenspalten und Orangenfilets dazugeben und alles mit etwas Orangenlikör abschmecken.

5   Die Buchweizenpfannkuchen zu Dreiecken falten und auf einer vorgewärmten Platte oder auf vorgewärmten Dessertellern anrichten. Das warme Kompott darauf verteilen. Mit Minzespitzen garnieren. Dazu passt eine Kugel Vanilleeis.

VARIANTEN

In der Bretagne füllt man die Galettes traditionell vor allem mit herzhaften Mischungen. Beliebt sind zum Beispiel folgende Kombinationen: Käse mit Tomaten (und Schinken), Spinat mit Blauschimmelkäse (oder gebeiztem Lachs). Die Füllung am besten in die Mitte der bereits gebackenen Galettes geben und darauf erwärmen. Zum Servieren die Ränder der Galettes nach innen klappen, sodass ein Rechteck entsteht und man die Füllung in der Mitte noch sehen kann.

Sojabohnen –
wandelbare Nährstoffbomben

Keine vegetarische Küche kommt ohne Soja aus — sie ist so etwas wie eine Wunderbohne, reich an Eiweiß und Mineralstoffen. Und sie lässt sich vielseitig in der Küche einsetzen, sowohl frisch als auch getrocknet. Die grünen Sojabohnen gibt es tiefgekühlt im Handel, man kann sie kochen oder frittieren und als Snack oder im Wokgemüse essen. Sie lassen sich wie grüne Saubohnen zubereiten.

Aus den weißen Sojabohnen wird nicht nur Tofu (siehe Seite 64) hergestellt, sie sind auch die Grundzutat für Sojasauce, eine asiatische Würzsauce auf der Basis von Wasser, Sojabohnen, Getreide und Salz. Sojasauce enthält rund 300 verschiedene Geschmacks- und Aromastoffe, im Zusammenspiel ergeben sie den typischen würzigen, bouillonartigen Geschmack, den die Japaner „umami" nennen. Weitere praktische Sojaprodukte sind Sojagranulat und Tempeh. Bei dem Granulat — auch als Sojaflocken bezeichnet — handelt es sich um ein Nebenprodukt aus der Sojaölherstellung, den getrockneten Presskuchen. Tempeh besteht aus gekochten und anschließend fermentierten Sojabohnen, die in Form gepresst wurden. Beides ist relativ aromaarm und bedarf intensiver Würzung.

Gebratener Tempeh mit Soja-Ingwer-Glasur auf Pak-Choi

4 PERSONEN

FÜR DAS TEMPEH

400 g Tempeh
1 TL Öl
2 EL helle Sojasauce
1 Knoblauchzehe
(in feinen Würfeln)
1 TL Ingwer (in feinen Würfeln)
40 g kalte Butter (in Stücken)
5-Gewürze-Pulver
1–2 TL geröstetes Sesamöl

FÜR DEN PAK CHOI

400 g Mini-Pak-Choi
1–2 TL Öl
1–2 TL geröstete helle
Sesamsamen
mildes Chilisalz
1 EL kalte Butter

ZUBEREITUNG

1   Den Tempeh in 5 bis 8 mm dicke Scheiben schneiden. Eine große Pfanne bei mittlerer Temperatur erhitzen und das Öl mit einem Pinsel darin verstreichen. Die Tempeh-Scheiben auf beiden Seiten jeweils 1 bis 1 ½ Minuten anbraten, herausnehmen und auf einen vorgewärmten Teller legen.

2   Danach 100 ml Wasser in die Pfanne geben und die Sojasauce hinzufügen. Knoblauch und Ingwer dazugeben und alles etwa 1 Minute köcheln lassen. Die kalte Butter unter den Sud rühren und mit 1 Prise 5-Gewürze-Pulver würzen. Die Pfanne vom Herd nehmen und das Sesamöl unterrühren.

3   Die Mini-Pak-Choi putzen, waschen, gut abtropfen lassen und halbieren. Eine Pfanne bei mittlerer Temperatur erhitzen, das Öl mit einem Pinsel darin verstreichen und die Pak-Choi-Hälften darin auf der Schnittfläche 2 bis 3 Minuten hell anbraten. Wenden und noch kurz weiterbraten. Mit dem Sesam bestreuen, mit Chilisalz würzen und die kalte Butter in der Pfanne schmelzen lassen. Nach Belieben mit einigen Tropfen geröstetem Sesamöl beträufeln.

4   Zum Servieren den Pak-Choi auf vorgewärmte Teller verteilen und die Tempeh-Scheiben daraufsetzen. Zuletzt Gemüse und Tempeh mit der Sauce beträufeln.

Wokgemüse mit grünen Sojabohnen

4 PERSONEN

1 Karotte
1 Bund Frühlingszwiebeln
2 Stangen Staudensellerie (mit Grün)
60 g Zuckerschoten
1 rote Paprikaschote
1 Handvoll Sojabohnensprossen
6 Stiele Koriander · 1 TL Öl
100 ml Gemüsebrühe
2 fein geriebene Knoblauchzehen
1 EL Ingwer (in feinen Streifen)
2 EL helle Sojasauce
1 TL chinesische Gewürzpaste
(ersatzweise Thai-Currypaste)
60 g Bambusstreifen (aus der Dose)
100 g tiefgekühlte grüne Sojabohnen (Edamame)
mildes Chilisalz

ZUBEREITUNG

1   Die Karotte putzen, schälen und in dünne Scheiben hobeln. Die Frühlingszwiebeln putzen, waschen und schräg in etwa 2 ½ cm lange Stücke schneiden, dabei weiße und grüne Teile trennen. Den Staudensellerie putzen, waschen und schräg in ½ cm breite Stücke schneiden, etwas von dem Grün für die Garnitur beiseitelegen. Die Zuckerschoten putzen, waschen und schräg halbieren. Die Paprikaschote längs halbieren, entkernen, waschen und in etwa 2 cm große Stücke schneiden. Die Sprossen auf einem Sieb abbrausen und gut abtropfen lassen. Den Koriander waschen, trocken schütteln und mit den Stielen hacken.

2   Das Öl in einem Wok oder einer Pfanne erhitzen und Karotte, Frühlingszwiebelweiß, Zuckerschoten, Sellerie und Paprika darin unter Rühren bei mittlerer Hitze etwa 2 Minuten anbraten. Die Brühe dazugießen, Knoblauch und Ingwer dazugeben und Sojasauce und Gewürzpaste unterrühren.

3   Frühlingszwiebelgrün, Bambusstreifen, Sojabohnen und Sprossen hinzufügen und alles noch 1 bis 2 Minuten weitergaren. Mit Chilisalz würzen, den Koriander unterrühren und gegebenenfalls etwas nachwürzen. Das Gemüse auf vorgewärmte Teller verteilen und nach Belieben mit Reis servieren.

Tofu pur –
Käse aus Sojabohnen

Tofu ist im Grunde nichts anderes als ein Käse aus Sojamilch. Bei der Herstellung wird zuerst aus eingeweichten, pürierten Sojabohnen eine Art Sojamilch gewonnen, die man gerinnen lässt und daraus dann eine feste Masse abseiht. Dieser Sojaquark kommt als Seidentofu in den Handel und eignet sich für Cremes und Saucen. Presst man den Sojaquark noch, verliert er an Flüssigkeit – es entsteht Tofu, der sich gut in Stücke schneiden lässt, ideal zum Kochen, Braten oder Frittieren. Tofu bildet die Grundlage vieler vegetarischer Nahrungsmittel wie Tofuwürstchen.

Reiner Naturtofu schmeckt beinahe neutral, weshalb er am besten mariniert wird – vor oder nach dem Braten. Außerdem tun ihm auch Panaden oder Backteige als knusprige Hülle gut. Da Tofu im Inneren so gut wie geschmacksneutral ist, sollte man ihn außerdem in Scheiben oder kleinere Stücke schneiden. So erhält man mehr Oberfläche für Marinaden und Würzsaucen. Daneben kommt Tofu auch „veredelt" in den Handel, etwa als geräucherter Tofu. Da Tofu bereits gar ist, muss man ihn nicht lange kochen, sondern im Prinzip nur erwärmen. Ideal für die schnelle Veggie-Küche!

Glasierter Tofu auf Pfeffertomaten

4 PERSONEN

FÜR DEN TOFU

1 gestr. TL Speisestärke
4 EL Ahornsirup
2 EL Sake (japan. Reiswein)
2 EL helle Sojasauce
1 EL Steakgewürz
500 g neutraler Tofu (bratfähig)
1 TL Öl

FÜR DIE TOMATEN

5 Tomaten (700 g)
2–3 Frühlingszwiebeln
1 gelbe Peperonischote
je ½ TL schwarze, grüne und
Szechuan-Pfefferkörner
für die Gewürzmühle
2 fein geriebene Knoblauchzehen
Salz · 2 EL mildes Olivenöl
1 EL kalte Butter
1–2 EL Basilikumblätter
(frisch geschnitten)

ZUBEREITUNG

1 Für den Tofu für die Glasur die Speisestärke mit 1 EL kaltem Wasser glatt rühren. Ahornsirup, Sake und Sojasauce in einem kleinen Topf aufkochen, die angerührte Speisestärke dazugeben und köcheln lassen, bis diese sämig bindet. Vom Herd nehmen und das Steakgewürz unterrühren. Den Tofu trocken tupfen, zuerst in 6 bis 8 mm dicke Scheiben, dann in etwa 5 cm lange und 3 bis 4 cm breite Stücke schneiden.

2 Eine große Pfanne bei mittlerer Temperatur erhitzen, das Öl mit einem Pinsel darin verstreichen und die Tofustücke auf beiden Seiten je 1 bis 1½ Minuten anbraten. Die Pfanne vom Herd nehmen und die Tofuscheiben in der Glasur wenden.

3 Für die Pfeffertomaten die Tomaten waschen und in 1½ bis 2 cm große Stücke schneiden, dabei die Stielansätze entfernen. Die Frühlingszwiebeln putzen, waschen und samt Grün in dünne Ringe schneiden. Die Peperoni längs halbieren, entkernen, waschen und quer in feine Streifen schneiden. Schwarze, grüne und Szechuan-Pfefferkörner in eine Gewürzmühle füllen.

4 Die Tomaten, Frühlingszwiebeln und Peperoni in einer Pfanne ohne Fett bei milder Temperatur kurz erhitzen. Den Knoblauch dazugeben, mit Salz und der Mischung aus der Gewürzmühle würzen und alles erhitzen. Olivenöl, kalte Butter und Basilikum dazugeben, bei Bedarf noch etwas nachwürzen.

5 Die Pfeffertomaten auf vorgewärmte tiefe Teller verteilen und die glasierten Tofuscheiben darauf anrichten.

Blattsalat mit geräuchertem Tofu

4 PERSONEN

100 ml lauwarme Gemüsebrühe
2 EL Zitronensaft
½ TL scharfer Senf
4 EL mildes Olivenöl
1 EL gemischte Kräuterblätter
(z. B. Basilikum, Dill, Kerbel,
Minze, Petersilie)
mildes Chilisalz
Pfeffer aus der Mühle
Zucker
300 g gemischte Salatblätter
400 g Räuchertofu · ½ TL Öl

ZUBEREITUNG

1 Die Brühe mit dem Zitronensaft und dem Senf gründlich verrühren. Das Olivenöl mit einem Stabmixer unterrühren und die Kräuter hinzufügen. Das Dressing mit Chilisalz, Pfeffer und 1 Prise Zucker würzen.

2 Die Salatblätter gründlich waschen, trocken schleudern und bei Bedarf in mundgerechte Stücke zupfen. Den Räuchertofu in etwa 1 cm große Würfel schneiden. Eine Pfanne bei mittlerer Temperatur erhitzen, das Öl mit einem Pinsel darin verstreichen und die Tofuwürfel anbraten.

3 Die Salatblätter mit dem Dressing mischen und den Blattsalat auf Tellern anrichten. Die Tofuwürfel auf dem Salat verteilen.

PRAXISTIPP

Zum Garnieren eignet sich 1 Handvoll essbare Blüten – beispielsweise sehen Gänseblümchen oder Tag-und-Nacht-Schatten sehr schön aus.

Panierte Tofuscheiben
auf Kartoffel-Bohnen-Gemüse

4 PERSONEN

FÜR DAS GEMÜSE

500 g festkochende Mini-Kartoffeln
Salz
150 g breite Bohnen
(Stangenbohnen)
1–2 TL Öl
mildes Chilisalz
Pfeffer aus der Mühle
gemahlener Kümmel
getr. Majoran
50 ml Gemüsebrühe
1 Knoblauchzehe (in Scheiben)
2 Scheiben Ingwer
1 Streifen unbehandelte
Zitronenschale
getr. Bohnenkraut

FÜR DEN TOFU

600 g Tofu natur (bratfähig)
2 EL Sojasauce
1 Msp. fein geriebene
Knoblauchzehe
1 Msp. fein geriebener Ingwer
80 g doppelgriffiges Mehl
(Wiener Grießler)
200 g Weißbrotbrösel
2 Eier · Öl zum Braten
Zitronensaft zum Beträufeln
mildes Chilisalz

ZUBEREITUNG

1   Für das Gemüse die Kartoffeln mit Schale in Salzwasser weich garen. Abgießen, kurz ausdampfen, noch heiß pellen, halbieren und vollständig abkühlen lassen.

2   Inzwischen die Bohnen putzen, waschen und schräg in 2 bis 3 cm lange Stücke schneiden. In Salzwasser fast weich garen, in ein Sieb abgießen, kalt abschrecken und abtropfen lassen.

3   Die Kartoffeln in einer Pfanne in wenig Öl anbraten. Mit Chilisalz, Pfeffer sowie je 1 Prise Kümmel und Majoran würzen. Die Bohnen mit der Brühe in eine Pfanne geben, Knoblauch, Ingwer und Zitronenschale dazugeben und alles kurz erhitzen. Mit 1 Prise Bohnenkraut und Chilisalz würzen, Ingwer und Zitronenschale wieder entfernen.

4   Für den Tofu den Tofu trocken tupfen und in etwa 1 cm dicke Scheiben schneiden. Die Sojasauce mit Knoblauch und Ingwer verrühren, die Tofuscheiben damit rundherum bestreichen und etwas ziehen lassen.

5   Das Mehl und die Weißbrotbrösel jeweils in tiefe Teller geben. Die Eier in einem tiefen Teller verquirlen. Die Tofuscheiben zuerst im Mehl wenden, dabei überschüssiges Mehl abklopfen, dann durch die Eier ziehen und zuletzt in den Weißbrotbröseln wenden.

6   In einer tiefen Pfanne 2 bis 3 EL Öl bei mittlerer Temperatur erhitzen und die panierten Tofuscheiben darin zuerst auf einer Seite goldbraun backen. Wenden und, falls nötig, noch etwas Öl dazugeben und den Tofu auch auf der zweiten Seite goldbraun backen. Aus der Pfanne nehmen und auf Küchenpapier abtropfen lassen, mit etwas Zitronensaft beträufeln und mit wenig Chilisalz würzen.

7   Das Gemüse und die Kartoffeln auf vorgewärmte Teller verteilen und die gebackenen Tofuscheiben darauflegen. Nach Belieben mit Thai-Basilikum garnieren.

Räuchertofuwürfel in knusprigem Backteig

4 PERSONEN

FÜR DEN TOFU

Fett zum Frittieren
100 g Mehl · 25 g Speisestärke
120 ml eiskaltes Wasser
75 ml eiskalter Weißwein
1 EL Öl
mildes Chilisalz
150 g Tofu (z. B. Räuchertofu,
Paprikatofu oder eine andere Sorte)

ZUBEREITUNG

1 Ausreichend Fett in einem Topf oder einer Fritteuse auf 180 °C erhitzen. Für den Backteig Mehl und Speisestärke in einer Schüssel mischen und mit dem eiskalten Wasser, eiskalten Weißwein und Öl mit dem Schneebesen verrühren, zuletzt den Backteig mit Chilisalz würzen.

2 Den Tofu in 1 bis 1 ½ cm große Würfel schneiden. Die Tofuwürfel durch den Backteig ziehen, etwas abtropfen lassen und im heißen Fett einige Minuten kross braten. Herausheben und auf Küchenpapier abtropfen lassen. Mit Chilisalz würzen.

3 Die knusprig gebackenen Tofustücke schmecken auf gemischtem Blattsalat und mit einem Dip als Snack. Sehr gut machen sie sich auch als Suppeneinlage, zum Beispiel zur Süßkartoffelsuppe (siehe Seite 43) oder zu einer Tomatensuppe.

Seidentofu-Creme mit Beeren und Schoko-Crumbles

4 PERSONEN

FÜR DIE TOFUCREME

500 g Seidentofu
3 EL Soja- oder Mandeldrink
50 g Zucker
Kardamom aus der Mühle
(ersatzweise 1 Prise gemahlener
Kardamom)
etwas Zimtpulver
ausgekratztes Mark von
½ Vanilleschote

AUSSERDEM

je 150 g Himbeeren und Blaubeeren
4 Schokoladen-Cookies
4 Minzespitzen

ZUBEREITUNG

1 Für die Tofucreme den Seidentofu mit Sojadrink und Zucker in einen hohen Rührbecher geben. Mit etwas Kardamom aus der Mühle, Zimt und Vanillemark würzen und alles mit dem Stabmixer fein pürieren.

2 Die Beeren verlesen, waschen und trocken tupfen. Die Hälfte der Beeren auf große Dessertgläser verteilen, die Tofucreme daraufgießen und jeweils mit den übrigen Beeren bestreuen.

3 Die Schokoladen-Cookies in einen Gefrierbeutel geben, diesen verschließen und die Cookies mit dem Nudelholz zu Bröseln zerkleinern. Die Minzespitzen waschen und mit Küchenpapier trocken tupfen.

4 Zum Servieren die Schoko-Cookies-Crumbles über die Creme streuen und alles mit Minzespitzen dekorieren.

Gemüsebrühpulver
auf Vorrat – für alle Lebenslagen

Für eine gute Gemüsebrühe benötigt man viel Gemüse wie Karotten, Sellerie, Lauch oder Fenchel sowie aromatische Kräuter und Gewürze wie Ingwer – es geht auch ohne Fleisch! Fein zerkleinert und getrocknet, werden die verschiedenen Gemüse mit Kräuter und Gewürzen gemischt und anschließend noch mal fein gemahlen. Das Hauptaroma bestimmen dabei die Zwiebelgewächse, seien es Zwiebel, Lauch oder Knoblauch. Sie helfen uns auch, wenn wir bei einer Erkältung eine heiße Suppe trinken: Knoblauch wirkt wie die anderen Gewächse aus der Zwiebelfamilie auch antiseptisch, antibiotisch und antimykotisch. Die Knollen stärken also unser Immunsystem!

Im Zusammenspiel mit Ingwer verstärken sich die positiven Gesundheitswirkungen noch. Denn auch Ingwer enthält antibakterielle Inhaltsstoffe. Kräuter wie Petersilie oder Liebstöckel runden das Aroma jeder Brühe ab. Dabei benötigt man vom Liebstöckel nur wenige Blätter, da er sehr kräftig schmeckt. Nicht umsonst heißt das Kraut im Volksmund „Maggikraut". Die Gewürzmischung in klassischem Maggi bestehen unter anderem aus ähnlichen chemischen Verbindungen wie die in Liebstöckel.

Selbst gemachtes Gemüsebrühpulver

ETWA 300 G (ERGIBT 8–10 L)

2 Zwiebeln (à ca. 200 g)
250 g Lauch
300 g Karotten
1 Fenchelknolle
300 g Knollensellerie
100 g Champignons
4 Scheiben Ingwer
100 g Petersilie (samt Stiele; frisch geschnitten)
3 Liebstöckelstiele (Blätter samt Stiele; frisch geschnitten)
4 Knoblauchzehen (in Scheiben)
80 g Salz

ZUBEREITUNG

1 Drei Backbleche mit Backpapier belegen. Die Zwiebeln schälen und in feine Würfel schneiden. Den Lauch putzen, gründlich waschen und klein schneiden. Karotten, Fenchel und Sellerie schälen und auf der Gemüsereibe grob raspeln. Die Champignons putzen, trocken abreiben und grob zerkleinern. Den Ingwer schälen und klein hacken.

2 Zwiebeln, Lauch, Karotten, Fenchel, Sellerie, Champignons, Ingwer, Petersilie, Liebstöckel und Knoblauch mischen und gleichmäßig auf die Backbleche verteilen. Die Gemüse-Kräuter-Mischung im Ofen bei 80 °C (Umluft empfehlenswert) etwa 5 Stunden trocknen lassen. Dabei zwischendurch bei Bedarf den Ofen öffnen und das entstandene Kondenswasser von der Ofentür und aus dem Backraum wischen.

3 Anschließend das getrocknete Gemüse im Blitzhacker portionsweise zu feinem Pulver mahlen. Das gemahlene Trockengemüse mit dem Salz mischen und das Gemüsebrühpulver gut verschlossen aufbewahren. Es hält sich bei kühler Zimmertemperatur etwa 1 Jahr.

4 Zur Herstellung einer Brühe in einem Topf 1 EL Gemüsebrühpulver auf ½ l Wasser geben, aufkochen, einige Minuten ziehen lassen und nach Belieben abseihen. Die Brühe eignet sich als Basis für viele vegetarische sowie nicht vegetarische Gerichte – beispielsweise für eine klare Gemüsesuppe mit Grießnockerln oder Pfannkuchenstreifen als Einlage, mit etwas Muskatnuss und Chilisalz würzen.

VARIANTEN

Das aufgebrühte Pulver lässt sich mit beliebigen Gewürzen variieren und auch sehr gut als Trinkbrühe verwenden. Die Brühe schmeckt mit etwas chinesischem 5-Gewürze-Pulver, Ras-el-Hanout, thailändischen Gewürzen und vielen weiteren Aromen.

Dressings
und Vinaigrettes

Dressings hatten ursprünglich keine kulinarische Bedeutung, sondern dienten lediglich dazu, den grünen oder gemischten Salat von der Langeweile der puren Rohkost zu befreien. So benetzte man die knackigen Zutaten mit einem schlichten Mix aus Essig und Öl, gewürzt mit Salz und Pfeffer.

Egal, ob wenige Zutaten oder viele – die Qualität von Essig und Öl sollte immer möglichst hochwertig sein. Besonders fein wird das Aroma von Vinaigrettes wie von Dressings, wenn man etwas scharfen Senf unterrührt. Küchenfertiger Senf ist bereits mit Essig gemischt, dadurch wird die Schärfe der gemahlenen Senfkörner konserviert. Aber nicht nur geschmacklich peppt Senf Vinaigrettes auf, er sorgt auch für eine geschmeidige Sämigkeit von Saucen.

Sowohl Dressings als auch Vinaigrettes lassen sich vielfältig variieren – angefangen bei der Auswahl an Essig oder Zitronensaft sowie Öl, über die hinzugefügten frischen oder getrockneten Kräuter, bis zu weiteren aromagebenden Zutaten. Und: Sie umhüllen nicht nur Salate und Gemüse, sondern passen auch zu Salaten mit Kartoffeln und Pasta oder sogar zu unseren bayerischen Knödeln.

....

Fitnessdressing

ETWA 400 ML

150 ml Gemüsebrühe
2–3 EL Rotweinessig
1 TL scharfer Senf
100 g saure Sahne
100 g Naturjoghurt
1 fein geriebene Knoblauchzehe
½ TL fein geriebener Ingwer
4 EL mildes Olivenöl · 4 EL Öl
1–2 TL Zucker · mildes Chilisalz

ZUBEREITUNG

Die Brühe mit Essig, Senf, saurer Sahne, Joghurt, Knoblauch und Ingwer in einen hohen Rührbecher geben. Alles mit dem Stabmixer glatt verrühren. Dann das Olivenöl und das Öl untermixen und das Dressing mit Zucker und Chilisalz würzen. Das Fitnessdressing passt zu allen knackig frischen Blattsalaten sowie zu Party- und Gartensalaten.

Kräuterdressing

ETWA 150 ML

100 ml lauwarme Gemüsebrühe
2 EL Zitronensaft
½ TL scharfer Senf
4 EL mildes Olivenöl
1 EL gemischte Kräuterblätter
(z. B. Basilikum, Dill, Kerbel, Minze,
Petersilie; frisch geschnitten)
Salz · Pfeffer aus der Mühle
Zucker

ZUBEREITUNG

Die Brühe mit dem Zitronensaft und dem Senf in einen hohen Rührbecher geben und gut verrühren. Das Olivenöl mit dem Stabmixer unterrühren. Die Kräuter dazugeben und das Dressing mit Salz, Pfeffer und 1 Prise Zucker würzen.

Das Kräuterdressing eignet sich beispielsweise für Blattsalate und lauwarme Gemüsesalate.

Senfdressing

ETWA 150 ML

100 ml Gemüsebrühe
1 TL süßer Senf
1 TL scharfer Senf
1 TL saure Sahne
1 EL Balsamico bianco
1 EL Weißweinessig
5 EL mildes Olivenöl
mildes Chilisalz
Pfeffer aus der Mühle · Zucker

ZUBEREITUNG

Die Brühe mit beiden Senfsorten, der sauren Sahne und beiden Essigsorten in einer kleinen Schüssel mit dem Schneebesen verrühren. Nach und nach das Olivenöl unterrühren und das Dressing mit Chilisalz, Pfeffer und 1 Prise Zucker würzen.

Das Senfdressing passt beispielsweise zu knackigen Blattsalaten, buntem Salat, Gemüsesalat, Essigknödeln und Nudelsalat.

Balsamico-Orangen-Vinaigrette

ETWA 150 ML

2 TL Puderzucker
5 EL Aceto balsamico
100 ml Gemüsebrühe
4 EL mildes Olivenöl
Salz · Pfeffer aus der Mühle
1 Streifen unbehandelte
Orangenschale
1 Rosmarinzweig
2 Scheiben Knoblauch
1 Scheibe Ingwer

ZUBEREITUNG

Den Puderzucker in einer Pfanne bei mittlerer Hitze hell karamellisieren und vom Herd nehmen. Den Essig dazugeben und 30 Sekunden einköcheln lassen. Dann den Balsamico-Sud mit der Brühe und dem Olivenöl verrühren und mit Salz und Pfeffer würzen. Orangenschale, Rosmarin, Knoblauch und Ingwer einige Minuten darin ziehen lassen und wieder entfernen.

Die Balsamico-Orangen-Vinaigrette passt beispielsweise zu knackigen Blattsalaten, gemischten Salaten und Tomatensalat.

3

Duette für Flexitarier

Thailändisches
Zucchini-Champignon-Curry

4 PERSONEN

FÜR DIE EINLAGE

200 g Brokkoli
1 Karotte
100 ml Gemüsebrühe
je ½ grüner und gelber Zucchini
150 g feste Champignons
120 g Cocktailtomaten
1 Kaffir-Limettenblatt
½–1 TL Öl
3 Scheiben Ingwer
1–2 Zimtsplitter
2 cm Vanilleschote
mildes Chilisalz

FÜR DIE SAUCE

3 Kaffir-Limettenblätter
3 Stängel Zitronengras
400 ml Kokosmilch
400 ml Gemüsebrühe
3–4 TL Speisestärke
1–2 EL rote Thai-Currypaste
3 Knoblauchzehen (in Scheiben)
5 Scheiben Ingwer
1 EL Koriandergrün (samt Stielen;
frisch geschnitten)
Salz

AUSSERDEM

1 EL helle Sesamsamen
150 g Basmatireis

ZUBEREITUNG

1 Für die Einlage den Brokkoli putzen, waschen und in Röschen teilen. Die Karotte putzen, schälen und in Scheiben schneiden. Beides mit der Brühe in einen Topf geben, mit einem Blatt Backpapier bedecken und alles knapp unter dem Siedepunkt etwa 10 Minuten bissfest garen. Danach abgießen.

2 Inzwischen die Zucchinihälften putzen, waschen und in etwa 1 ½ cm große Stücke schneiden. Die Pilze putzen und trocken abreiben. Die Tomaten waschen. Das Kaffir-Limettenblatt mehrmals einreißen.

3 Eine Pfanne bei mittlerer Temperatur erhitzen, das Öl mit einem Pinsel darin verstreichen und beide Zucchinisorten etwas anbraten. Pilze, Tomaten, Kaffir-Limettenblatt und Ingwer dazugeben und erhitzen. Dann Brokkoli und Karotte mit Zimt und Vanille hinzufügen, alles nochmals kurz erhitzen und mit Chilisalz würzen. Zum Servieren die ganzen Gewürze wieder entfernen.

4 Für die Sauce die Kaffir-Limettenblätter mehrmals einreißen. Vom Zitronengras die welken Außenblätter und die obere, trockene Hälfte entfernen, die untere Hälfte längs halbieren und mit dem Messer etwas andrücken.

5 Kokosmilch und Brühe in einem Topf aufkochen. Die Speisestärke mit wenig kaltem Wasser glatt rühren, in die Kokosbrühe geben und köcheln lassen, bis diese sämig bindet. Die Sauce noch 2 bis 3 Minuten köcheln lassen, dann die Currypaste hineinrühren. Kaffir-Limettenblätter, Zitronengras, Knoblauch und Ingwer hinzufügen und alles langsam bis knapp unter den Siedepunkt erhitzen. Die Sauce einige Minuten ziehen, aber nicht kochen lassen, dann durch ein Sieb gießen. Zum Anrichten den Koriander hinzufügen und nach Bedarf mit Salz würzen.

6 Zum Servieren die Sauce auf vorgewärmte Suppenschalen oder tiefe Teller verteilen und das Gemüse daraufsetzen. Mit Sesam bestreuen und nach Belieben mit essbaren Blüten garnieren. Dazu passt Basmatireis (siehe Rezept rechts).

ALLE-ESSEN-MIT-TIPP

Das Thai-Curry können Sie sowohl Vegetariern als auch Nichtvegetariern servieren: Die Sauce und den Reis einfach für 4 Personen zubereiten, die Einlage – Hähnchen und Garnelen oder eben das bunte Gemüse – dann jeweils in der Menge zubereiten, die benötigt wird.

Rotes Thai-Curry
mit Huhn und Garnelen

ZUBEREITUNG

1   Zuerst die Sauce, wie im Rezept links beschrieben, zubereiten.

2   Den Reis in einem Sieb gründlich mit kaltem Wasser abspülen, in einen Topf geben und so viel Wasser dazugießen, dass es etwa fingerbreit über dem Reis steht. Den Reis kurz aufkochen, dann zugedeckt knapp unter dem Siedepunkt etwa 15 Minuten bissfest garen. Zum Servieren mit einer Gabel auflockern.

3   Für die Einlage die Hähnchenbrustfilets waschen, trocken tupfen und in 2 cm große Würfel schneiden. Die Garnelen bis auf den Schwanzfächer schälen, am Rücken entlang nicht zu tief einschneiden und den Darm herausziehen. Die Garnelen waschen, trocken tupfen und am dicken Ende etwas einschneiden.

4   Den Brokkoli putzen, waschen und in Röschen teilen. Die Karotte putzen, schälen und in Scheiben schneiden. Beides mit 100 ml Brühe in einen Topf geben, mit einem Blatt Backpapier bedecken und alles knapp unter dem Siedepunkt etwa 10 Minuten bissfest garen, mit Chilisalz würzen. Danach abgießen.

5   Inzwischen eine große Pfanne bei mittlerer Temperatur erhitzen, das Öl mit einem Pinsel darin verstreichen und die Hähnchenwürfel anbraten. Nach 2 bis 3 Minuten die Garnelen mit Chilischote, Vanille, Ingwer und Zimt hinzufügen und etwa 2 Minuten braten. Die übrige Brühe dazugießen, die kalte Butter hinzufügen und alles mit Chilisalz würzen. Zum Servieren die ganzen Gewürze wieder entfernen.

6   Die Sauce auf vorgewärmte Suppenschalen oder tiefe Teller verteilen, das Gemüse mit Hähnchenwürfeln und Garnelen daraufsetzen. Mit dem Reis servieren und nach Belieben mit essbaren Blüten garnieren.

4 PERSONEN

FÜR DIE SAUCE
siehe Rezept linke Seite

FÜR DEN REIS
150 g Basmatireis
Salz

FÜR DIE EINLAGE
2 Hähnchenbrustfilets
(à ca. 120 g; ohne Haut)
250 g Riesengarnelen
200 g Brokkoli
1 Karotte
150 ml Gemüsebrühe
mildes Chilisalz
½ – 1 TL Öl
1 kleine getr. rote Chilischote
2 cm Vanilleschote
2 Scheiben Ingwer
1 Zimtsplitter
1 EL kalte Butter

THAILÄNDISCHES
Zucchini-Champignon-Curr

ROTES THAICURRY
mit Huhn und Garnelen

Vegetarische Grillspieße
mit Bulgursalat und Aprikosensenf

4 PERSONEN

FÜR DIE SPIESSE

4 Tofuwürstchen
8 kleine feste Champignons
4 grüne Spargelstangen
2 Scheiben Ananas (ca. 1 cm dick; ersatzweise aus der Dose)
120 g Halloumi
4 Holz- oder Metallspieße

FÜR DEN SALAT

100 g feiner Bulgur
¼ l Gemüsebrühe
2 Tomaten
4 kleine Frühlingszwiebeln
1 Bund Petersilie (samt feinen Stielen)
½ Bund Minze
Saft von ½ Zitrone
8 EL mildes Olivenöl
mildes Chilisalz
Pfeffer aus der Mühle

FÜR DEN DIP

2 Aprikosen (ersatzweise getrocknete Soft-Aprikosen)
2 EL süßer Senf
4 EL scharfer Senf

FÜR DAS GEWÜRZÖL

siehe Rezept rechte Seite

ZUBEREITUNG

1   Für die Spieße die Tofuwürstchen halbieren. Die Pilze putzen und, falls nötig, trocken abreiben. Den Spargel waschen und im unteren Drittel schälen, holzige Enden entfernen. Jede Stange in 3 bis 4 Stücke schneiden und in kochendem Salzwasser einige Minuten bissfest garen. In ein Sieb abgießen, kalt abschrecken und abtropfen lassen. Die Ananas in 8 Stücke schneiden. Den Halloumi zuerst in 1 cm dicke Scheiben, dann diese in 8 gleich große Stücke schneiden. Alle Zutaten abwechselnd auf vier Spieße stecken und auf dem vorgeheizten Grill bei mittlerer Hitze etwa 8 Minuten grillen.

2   Für den Salat den Bulgur in einem Sieb unter fließendem Wasser abbrausen und abtropfen lassen. Mit der Brühe in einen Topf geben, mit einem Blatt Backpapier bedecken und knapp unter dem Siedepunkt je nach Sorte 10 bis 20 Minuten garen. Lauwarm abkühlen und in einem Sieb abtropfen lassen.

3   Die Tomaten waschen und in ½ cm große Würfel schneiden, dabei die Stielansätze entfernen. Die Frühlingszwiebeln putzen, waschen und in feine Ringe schneiden. Die Petersilienblätter waschen, trocken tupfen und fein schneiden. Die Minze waschen, trocken tupfen, die Blätter abzupfen und fein schneiden.

4   Für das Dressing die Minze mit Zitronensaft und Olivenöl verrühren, mit Chilisalz und Pfeffer würzen. Den Bulgur mit Petersilie, Tomaten und Frühlingszwiebeln mischen, kurz ziehen lassen und dann bei Bedarf nachwürzen.

5   Für den Dip die Aprikosen waschen, halbieren, entsteinen und in kleine Würfel schneiden. Mit beiden Senfsorten verrühren. (Bei getrockneten Aprikosen den Dip mit 1 Spritzer Apfelsaft verdünnen, er dickt leicht nach).

6   Das Gewürzöl, wie im Rezept rechts beschrieben, anrühren. Die Spieße beim Anrichten mit dem Gewürzöl bestreichen und bei Bedarf noch etwas würzen. Mit dem Bulgursalat und dem Dip sowie nach Belieben mit Knoblauchröstbrot servieren (dafür Brotscheiben auf dem Grill toasten und mit der Schnittseite einer Knoblauchzehe einreiben). Dazu passt auch ein Tsatsiki (siehe Rezept rechts).

ALLE-ESSEN-MIT-TIPP

Beim Grillen trifft sich alles am Feuer: Vegetarisches oder Fleisch, Fisch oder Meeresfrüchte. Bereiten Sie einfach die Veggie-, Fisch- oder Fleischspieße in der gewünschten Menge vor, dazu Bulgursalat, Tsatsiki und Aprikosendip für alle, dann kann das Grillvergnügen starten!

Fleisch- und Fischspieße
vom Grill mit Tsatsiki

ZUBEREITUNG

1 Für die Fleischspieße das Schweinefilet in 4 Scheiben schneiden und diese jeweils halbieren. Die Würstel halbieren. Paprika entkernen, waschen und in etwa 2 cm große Stücke schneiden. Zwiebel schälen und ebenfalls in 2 cm große Stücke schneiden. Die Zucchini in Scheiben schneiden. Die Speckscheiben halbieren und je ½ Scheibe um 1 Kartoffel wickeln. Alle Zutaten abwechselnd auf vier Spieße stecken. Dann auf dem heißen Grill bei mittlerer Hitze 10 bis 15 Minuten grillen. Dabei, falls möglich, den Grilldeckel zwischendurch schließen (alternativ bei sehr milder Hitze arbeiten).

2 Für die Fischspieße die Garnelen bis auf den Schwanzfächer schälen, am Rücken entlang nicht zu tief einschneiden und den Darm herausziehen. Die Garnelen waschen, trocken tupfen und am dicken Ende etwas einschneiden. Den gekochten Oktopus in etwa 3 cm lange Stücke schneiden. Die Fenchelknolle putzen, waschen und längs in dünne Scheiben hobeln. Die Zitrone ebenfalls in dünne Scheiben schneiden. Je 2 Zitronenscheiben mit 1 bis 2 Fenchelscheiben zusammenlegen, einmal falten und mit den Garnelen und Oktopus abwechselnd auf vier Spieße stecken. Auf dem vorgeheizten Grill bei mittlerer Hitze 8 bis 10 Minuten grillen.

3 Für das Tsatsiki die Gurke waschen, längs halbieren und die Kerne mit einem Teelöffel entfernen. Dann die Hälften in ½ cm große Würfel schneiden und in kochendem Salzwasser etwa 2 Minuten blanchieren. In ein Sieb abgießen, kalt abschrecken und abtropfen lassen. (Alternativ die Gurkenwürfel salzen und 5 Minuten ziehen lassen.) Den Joghurt mit Olivenöl und Knoblauch glatt rühren, Gurkenwürfel und Dill unterrühren und mit Chilisalz und einigen Tropfen Zitronensaft würzen. Den Dip, wie im Rezept links beschrieben, zubereiten.

4 Für das Gewürzöl das Olivenöl mit Grillgewürz und etwas Chilisalz verrühren. Die Fleisch- und Fischspieße zum Servieren mit Gewürzöl bestreichen und bei Bedarf noch etwas würzen. Mit Tsatsiki , Dip und nach Belieben mit Knoblauchröstbrot servieren, dazu passt ein Bulgur-Petersilien-Salat (siehe Rezept links).

TAUSCHTIPP

Rühren Sie am besten gleich etwas mehr Gewürzöl an, und stellen Sie es zum Dippen mit auf den Tisch. Nach Belieben lassen sich auch andere Wurstsorten wie Schweinswürstel oder Kurzbratstücke wie Rinderlende auf den Fleischspießen kombinieren. Und zu Garnelen und Oktopus passen ebenfalls noch andere Zutaten, die eine eher kurze Garzeit haben – wie beispielsweise Champignons oder Cocktailtomaten.

4 PERSONEN

FÜR DIE FLEISCH-SPIESSE

1 Schweinefilet (ca. 200 g)
8 Nürnberger Rostbratwürstel
(ersatzweise 2 Schweinsbratwürstel)
je ¼ rote und gelbe Paprikaschote
½ Zwiebel, ¼ Zucchini (ca. 70 g)
4 lange Scheiben Frühstücksspeck
8 gegarte, gepellte Mini-Kartoffeln
4 Holz- oder Metallspieße

FÜR DIE FISCHSPIESSE

8 Riesengarnelen
150 g gekochter Oktopus
½–1 Fenchelknolle
½–1 unbehandelte Zitrone
4 Holz- oder Metallspieße

FÜR DAS TSATSIKI

⅓ Salatgurke · Salz
200 g griech. Joghurt (10 % Fett)
1 EL mildes Olivenöl
2 fein geriebene Knoblauchzehen
1–2 TL Dillspitzen
(frisch geschnitten)
mildes Chilisalz · Zitronensaft

FÜR DEN DIP

siehe Rezept linke Seite

FÜR DAS GEWÜRZÖL

4 EL Olivenöl
(ersatzweise zerlassene Butter)
1–2 TL Grillgewürz
mildes Chilisalz

Wirsing-Spinat-Crespelle
mit Mango und Limette

4 PERSONEN

FÜR DIE CRESPELLE

2 Eier · 200 ml Milch
70 g Mehl · Salz
½ TL abgeriebene unbehandelte
Orangenschale
3 EL zerlassene Butter
Butter zum Braten

FÜR DIE LIMETTEN-
KOKOS-BÉCHAMEL

30 g Butter · 40 g Mehl
150 ml kalte Gemüsebrühe
¼ l Kokosmilch
abgeriebene Schale von 2 unbehandelten Limetten
mildes Chilisalz

FÜR DIE FÜLLUNG

300 g Wirsing · Salz
150 g Babyspinat
½ reife Mango
4 getr. Tomaten (in Öl)
100 g Champignons
2 EL Pinienkerne
2 EL Kokosraspel
1 fein geriebene Knoblauchzehe
1 TL fein geriebener Ingwer
mildes Chilisalz

AUSSERDEM

4 EL geriebener Parmesan

ZUBEREITUNG

1 Für die Crespelle die Eier mit Milch, Mehl, 1 Prise Salz, Orangenschale und zerlassener Butter in einer Schüssel mit dem Schneebesen glatt verrühren. Den Teig bei Zimmertemperatur 30 Minuten ruhen lassen.

2 Dann jeweils etwas Butter in einer großen beschichteten Pfanne (etwa 26 cm Durchmesser) erhitzen und aus dem Teig nacheinander 4 dünne Pfannkuchen backen. Herausnehmen und beiseitestellen.

3 Für die Béchamelsauce die Butter in einem großen Topf zerlassen und das Mehl darin einige Minuten unter Rühren andünsten. Die kalte Brühe mit dem Schneebesen unter die Mehlschwitze rühren und unter Rühren so lange erhitzen, bis die Sauce bindet. Die Kokosmilch unterrühren und die Béchamelsauce noch 10 Minuten köcheln lassen, dabei immer wieder umrühren. Zuletzt die Limettenschale hinzufügen und die Béchamelsauce mit Chilisalz würzen.

4 Für die Füllung den Wirsing putzen, in einzelne Blätter teilen und die Blätter halbieren, dabei die Blattrippen entfernen. Die Wirsingblätter waschen und in kochendem Salzwasser etwa 4 Minuten bissfest garen. In ein Sieb abgießen, kalt abschrecken und abtropfen lassen, dabei überschüssiges Wasser mit den Händen ausdrücken. Die Wirsingblätter in 1 ½ bis 2 cm große Stücke schneiden.

5 Den Spinat verlesen, waschen und trocken schleudern. Die Mango schälen, das Fruchtfleisch auf den flachen Seiten vom Stein schneiden und 1 cm groß würfeln. Tomaten abtropfen lassen und hacken. Pilze putzen, trocken abreiben und vierteln.

6 Die Pinienkerne in einer Pfanne ohne Fett bei mittlerer Hitze hell rösten. Die Pilze dazugeben und darin erhitzen, den Spinat hinzufügen und kurz zusammenfallen lassen. Die Pfanne vom Herd nehmen und Wirsing, Mango, getrocknete Tomaten und Kokosraspel hinzufügen. Die Hälfte der Béchamelsauce dazugießen und alles mischen, Knoblauch und Ingwer unterrühren und die Füllung mit Chilisalz würzen.

7 Den Backofen auf 160 °C vorheizen. Jeden Pfannkuchen mit einem Viertel der Füllung belegen, dreieckig falten und in eine Auflaufform setzen. Die übrige Béchamelsauce darüberträufeln, die Crespelle mit Parmesan bestreuen und im Ofen etwa 25 Minuten backen. Herausnehmen und vor dem Servieren kurz abkühlen lassen, nach Belieben mit gemischten Kräuterblättern garnieren.

Wirsing-Spinat-Crespelle
mit Hähnchen und Thai-Curry

ZUBEREITUNG

1　Die Crespelle, wie im Rezept links beschrieben, zubereiten.

2　Für die Béchamelsauce die Butter in einem großen Topf zerlassen und das Mehl darin einige Minuten unter Rühren andünsten. Die Brühe mit dem Schneebesen unter die Mehlschwitze rühren und unter Rühren so lange erhitzen, bis die Sauce bindet. Die Kokosmilch unterrühren und die Béchamel noch 10 Minuten köcheln lassen, dabei häufig umrühren. Zuletzt die Currypaste hinzufügen und die Béchamelsauce mit Chilisalz würzen.

3　Für die Füllung Wirsing, Spinat und getrocknete Tomaten, wie im Rezept links beschrieben, vorbereiten. Die Hähnchenbrustfilets waschen, trocken tupfen und in 1½ cm cm große Würfel schneiden. Pilze putzen, trocken abreiben und halbieren.

4　Eine große tiefe Pfanne bei mittlerer Temperatur erhitzen und das Öl mit einem Pinsel darin verstreichen. Die Hähnchenwürfel rundherum kurz anbraten, Wirsing, Pilze und Spinat dazugeben und kurz zusammenfallen lassen.

5　Die Pfanne vom Herd nehmen, Tomaten und Erdnüsse dazugeben, die Hälfte der Béchamel hinzufügen und alles mischen. Knoblauch und Ingwer unterrühren und mit Chilisalz würzen.

6　Den Backofen auf 160 °C vorheizen. Jede Crespella mit einem Viertel der Füllung belegen, zu einem Dreieck falten und in eine Auflaufform setzen. Übrige Béchamel darüberträufeln, die Crespelle mit Parmesan bestreuen und im Ofen etwa 25 Minuten backen. Herausnehmen und vor dem Servieren kurz abkühlen lassen, nach Belieben mit gemischten Kräuterblättern garnieren.

ALLE-ESSEN-MIT-TIPP

Crespelle eignen sich ebenfalls für Vegetarier und Fleischfans. Die Pfannkuchen einfach für 4 Personen zubereiten, dazu die Limetten-Kokos-Béchamel – sie passt zu beiden Füllungen. Für die Füllung Wirsing und Spinat für 4 Personen vorbereiten und mit den weiteren vegetarischen Zutaten bzw. mit dem Fleisch verfeinern. Die gefüllten Crespelle gleichzeitig im Ofen überbacken. Dabei können die vegetarischen Pfannkuchen kenntlich gemacht werden, indem man sie bereits vor dem Backen mit einigen Pinienkernen bestreut.

4 PERSONEN

FÜR DIE CRESPELLE
siehe Rezept linke Seite

FÜR DIE THAI-KOKOS-BÉCHAMEL
30 g Butter
40 g Mehl
150 ml kalte Gemüsebrühe
¼ l Kokosmilch
2 TL gelbe Thai-Currypaste
mildes Chilisalz

FÜR DIE FÜLLUNG
200 g Wirsing · Salz
150 g Babyspinat
4 getr. Tomaten (in Öl)
3 Hähnchenbrustfilets
(à ca. 150 g; ohne Haut)
80 g Champignons
1 TL Öl zum Braten
2 EL grob gehackte, geröstete Erdnusskerne (ersatzweise Haselnusskerne)
1 fein geriebene Knoblauchzehe
1 TL fein geriebener Ingwer
mildes Chilisalz

AUSSERDEM
4 EL geriebener Parmesan

WIRSING-SPINAT-CRESPELLE
mit Mango und Limette

WIRSING-SPINAT-CRESPELLE
mit Hähnchen und Thai-Curry

Gemüse-Nuggets
mit zweierlei Dips

4 PERSONEN

FÜR DIE NUGGETS

200 g Knollensellerie
2 Stangen Staudensellerie
250 g Blumenkohl · Salz
½ Zucchini
80 g kleine feste Champignons
4 Eier
120 g doppelgriffiges Mehl
(Wiener Grießler)
mildes Chilisalz
100 g Quinoa-Pops (ungesüßt;
ersatzweise gepuffter Amarant
oder Braunhirse)
Öl oder Frittierfett zum Ausbacken

FÜR DAS PESTO

100 g getr. Tomaten (nicht eingelegt)
1 Tomate (ersatzweise 3–4 EL passierte Tomaten aus der Dose)
1 kleine, fein geriebene Knoblauchzehe
1 EL geröstete Mandelblättchen
1 EL geriebener Parmesan
4 EL mildes Olivenöl
Salz · ½ –1 TL Zucker
rot-grünes Chilisalz mit Vanille
1 EL Basilikumblätter
(frisch geschnitten)

FÜR DEN KRÄUTERDIP

siehe Zutaten rechte Seite

ZUBEREITUNG

1 Für die Nuggets den Knollensellerie schälen, waschen, zuerst in 1 cm dicke Scheiben, dann in 3 cm große Stücke schneiden. Die Selleriestangen waschen, putzen und sehr schräg in lange, 1 cm breite Stücke schneiden. Den Blumen-kohl waschen und in kleine Röschen teilen. Knollensellerie, Staudensellerie und Blumenkohl nacheinander in kochendem Salzwasser fast weich garen. Dann her-ausheben, kalt abschrecken und in einem Sieb gut abtropfen lassen.

2 Die Zucchini putzen, waschen und schräg in 1 cm dicke Scheiben schneiden. Die Champignons putzen und trocken abreiben.

3 Die Eier in einer Schüssel mit dem Mehl mit dem Schneebesen glatt verrühren, mit Chilisalz würzen und den Teig wenige Minuten stehen lassen. Die Quinoa-Pops in einen tiefen Teller geben. Anschließend die Gemüsestücke nacheinander zuerst durch den Eier-Mehl-Teig ziehen, dann in den Quinoa-Pops wenden.

4 Ausreichend Fett in einem Topf oder einer Fritteuse auf 170 °C erhitzen. Die panierten Gemüsestücke darin einige Minuten rundherum goldbraun backen. Herausnehmen und auf Küchenpapier abtropfen lassen, anschließend mit Chili-salz würzen, warm halten.

5 Für das Pesto die getrockneten Tomaten in einem kleinen Topf in Wasser offen knapp unter dem Siedepunkt etwa 20 Minuten weich garen. In ein Sieb abgießen und gut abtropfen lassen. Die Tomate waschen und halbieren, dabei den Stiel-ansatz entfernen. Die Tomatenhälften in grobe Stücke schneiden, in einem hohen Rührbecher mit dem Stabmixer fein pürieren und durch ein grobes Sieb passieren.

6 Die weichen, getrockneten Tomaten mit den passierten Tomaten, Knoblauch, Mandelblättchen, Parmesan und Olivenöl im Blitzhacker oder mit dem Stabmixer fein pürieren. Das Pesto mit Salz, Zucker und rot-grünem Vanille-Chilisalz würzen und zuletzt das Basilikum unterrühren. Die Konsistenz nach Bedarf noch mit etwas Olivenöl oder Gemüsebrühe verdünnen.

7 Den Kräuterdip, wie im Rezept rechts beschrieben, zubereiten. Zum Servieren die Nuggets auf vorgewärmte Tellern verteilen und die Dipsaucen dazu reichen.

ALLE-ESSEN-MIT-TIPP

Stellen Sie beide Dips für 4 Personen her. Die Nuggets nach Wunsch zubereiten, dabei im Öl zuerst die Veggie-Nuggets und danach das Fleisch frittieren. Der Einfachheit halber auch die Hähnchen-Nuggets im Backteig für das Gemüse backen.

Hendl-Nuggets
mit zweierlei Dips

ZUBEREITUNG

1 Für die Nuggets den Joghurt mit der Gewürzmischung glatt verrühren und mit etwas Salz würzen. Die Hähnchenbrustfilets waschen, trocken tupfen und quer in etwa 1 cm dicke Scheiben schneiden. Die Hähnchenbrustscheiben mit dem Gewürzjoghurt mischen und zugedeckt im Kühlschrank mehrere Stunden, am besten über Nacht, ziehen lassen.

2 Die Cornflakes in einen Gefrierbeutel geben, diesen verschließen und die Cornflakes mit dem Nudelholz zu Bröseln zerkleinern. Die Weißbrotbrösel mit den Cornflakes mischen und auf einen flachen Teller geben. Die Hähnchenscheiben aus der Marinade heben und in der Flakes-Brösel-Mischung wenden.

3 Etwas Öl etwa fingerhoch in einer Pfanne erhitzen und die Fleischstücke darin bei mittlerer Temperatur auf jeder Seite etwa 3 Minuten knusprig goldbraun braten. Herausnehmen und auf Küchenpapier abtropfen lassen, warm halten. Mit etwas Chilisalz nachwürzen.

4 Das Pesto, wie im Rezept links beschrieben, zubereiten.

5 Für den Kräuterdip den Joghurt mit Senf und Milch glatt verrühren. Die Kräuter und die Zitronenschale hinzufügen und unterrühren. Den Dip mit 1 Spritzer Zitronensaft, etwas Chilisalz und 1 Prise Zucker würzen.

6 Zum Servieren die Hendl-Nuggets auf vorgewärmte Teller setzen und mit dem Kräuterdip und dem Tomaten-Pesto servieren.

4 PERSONEN

FÜR DIE NUGGETS

150 g Naturjoghurt
1 EL Brathendlgewürz
(ersatzweise ¼ TL Salz, je 1 Prise
Chiliflocken, Knoblauch- und
Paprikapulver edelsüß, gemahlene
Fenchelsamen und Korianderkörner,
getr. Oregano und Rosmarin)
Salz · 4 Hähnchenbrustfilets
(à ca. 150 g; ohne Haut)
50 g Cornflakes
50 g Weißbrotbrösel
Öl zum Braten · mildes Chilisalz

FÜR DAS PESTO

siehe Zutaten linke Seite

FÜR DEN KRÄUTERDIP

200 g griech. Joghurt (10 % Fett)
½ TL Dijon-Senf · 3–4 EL Milch
2 EL gemischte Kräuterblätter
(z. B. Bärlauch, Dill, wenig Estragon,
Kerbel, Petersilie, Schnittlauch;
frisch geschnitten)
1 Msp. abgeriebene unbehandelte
Zitronenschale
1 Spritzer Zitronensaft
mildes Chilisalz · Zucker

TAUSCHTIPP

Sie können nach Belieben die Hendl-Nuggets auch in schwimmendem Fett (z. B. in der Fritteuse) ausbacken. Anstelle der Weißbrotbrösel eignet sich auch Panko-Mehl ausgezeichnet zum Panieren. Es stammt aus der asiatischen Küche – dabei handelt es sich um etwas gröbere Weißbrotbrösel, die beim Backen besonders knusprig werden.

GEMÜSE-NUGGETS
mit zweierlei Dips

HENDL-NUGGETS
mit zweierlei Dips

Gemüseschaschlik
mit Tomaten-Ananas-Sauce

4 PERSONEN

FÜR DIE SAUCE

siehe Rezept rechte Seite

FÜR DIE KARTOFFELN

800 g festkochende Kartoffeln
Salz · 2 Tomaten
1–2 Frühlingszwiebeln
1–2 TL Öl
50 g Maiskörner (aus der Dose)
1 EL Pistazienkerne
1 EL Petersilienblätter
(frisch geschnitten)
1 Rosmarinzweig
mildes Chilisalz

FÜR DIE SPIESSE

16 Datteltomaten
½ Zucchini
2 Scheiben Ananas (jeweils ca. 1 cm
dick; ersatzweise aus der Dose)
150–200 g Halloumi
1 TL Öl

AUSSERDEM

8 Schaschlikspieße

ZUBEREITUNG

1   Zuerst die Sauce, wie im Rezept rechts beschrieben, zubereiten.

2   Die Kartoffeln waschen und mit Schale in Salzwasser weich garen. Abgießen und kurz ausdampfen lassen, heiß pellen, abkühlen lassen und in Spalten schneiden.

3   Die Tomaten kreuzweise einritzen, 20 Sekunden in kochendes Wasser tauchen, kalt abschrecken, häuten, vierteln und entkernen. Die Tomatenviertel in Würfel schneiden. Die Frühlingszwiebeln putzen, waschen und in dünne Ringe schneiden.

4   Eine große Pfanne bei mittlerer Temperatur erhitzen, das Öl mit einem Pinsel darin verstreichen und die Kartoffelspalten goldbraun braten. Mais, Tomatenwürfel, Frühlingszwiebeln, Pistazien, Petersilie und Rosmarinzweig hinzufügen und alles kurz erhitzen. Mit Chilisalz würzen. Zum Servieren den Rosmarin entfernen.

5   Für die Spieße die Tomaten waschen und trocken tupfen. Die Zucchini putzen, waschen und in etwa 2 cm große Stücke schneiden. Die Ananasscheiben schälen, in Stücke schneiden und den Strunk entfernen. Den Halloumi in 2 cm große Stücke schneiden. Alle Zutaten abwechselnd auf Spieße stecken. Eine geriffelte Grillplatte oder eine Grillpfanne bei mittlerer Temperatur erhitzen, mit dem Öl bestreichen und die Spieße darauf rundherum etwa 8 Minuten braten.

6   Zum Servieren die Sauce auf vorgewärmte Teller verteilen und das Gemüseschaschlik darauflegen. Die Kartoffelspalten daneben anrichten.

ALLE-ESSEN-MIT-TIPP

Wenn sowohl Vegetarier als auch Fleischfans mitessen, bereiten Sie die Kartoffelspalten und die Tomaten-Ananas-Sauce für 4 Personen zu. Die Spieße jeweils nach Wunsch in der vegetarischen und der Fleischvariante herstellen.

Schaschlik
mit Tomaten-Ananas-Sauce

ZUBEREITUNG

1   Für die Sauce die Zwiebel schälen und in feine Würfel schneiden. Den Zucker in einem Topf bei milder Hitze hell karamellisieren. Die Zwiebelwürfel darin andünsten und Essig, Brühe und Ananassaft dazugießen. Das Tomatenmark mit Ketchup und Tomatenstücken hinzufügen und alles offen knapp unter dem Siedepunkt etwa 30 Minuten garen.

2   Anschließend die Sauce mit Schaschlikgewürz und Salz würzen und einmal aufkochen. Den Topf vom Herd nehmen, das Olivenöl mit dem Stabmixer unterrühren und die Sauce mit Chiliflocken würzen.

3   Die Kartoffelspalten, wie im Rezept links beschrieben, zubereiten.

4   Für die Spieße das Schweinefilet in 8 gleich große Scheiben schneiden. Die Wurst in etwa 1 ½ cm cm dicke Scheiben schneiden. Die Paprika putzen, waschen und in 2 cm große Stücke schneiden. Die Zwiebel schälen und in 2 cm große Blätter schneiden.

5   Die Filetscheiben abwechselnd mit Wurstscheiben, Paprika und Zwiebel auf Spieße stecken (dabei Filet- und Wurstscheiben flach bzw. liegend aufstecken). Eine geriffelte Grillplatte oder eine Grillpfanne bei mittlerer Temperatur erhitzen, mit dem Öl bestreichen und die Spieße darauf etwa 15 Minuten saftig grillen. Anschließend mit Chilisalz würzen.

6   Zum Servieren die Sauce auf vorgewärmten Tellern anrichten. Die Spieße darauflegen und die Kartoffelspalten daneben anrichten.

4 PERSONEN

FÜR DIE SAUCE

½ kleine Zwiebel
30 g brauner Zucker
1 TL Weißweinessig
100 ml Gemüsebrühe
60 ml Ananassaft
60 g Tomatenmark · 75 g Ketchup
75 g stückige Tomaten (ggf. Cocktail-tomaten; aus der Dose)
1 EL Schaschlikgewürz
1 geh. TL Salz
50 ml mildes Olivenöl
milde Chiliflocken

FÜR DIE KARTOFFELN

siehe linke Seite

FÜR DIE SPIESSE

300 g Schweinefilet
1 Bratwurst
je ¼ gelbe und grüne Paprikaschote
½ Zwiebel · 1 TL Öl · mildes Chilisalz

AUSSERDEM

8 Schaschlikspieße

PRAXISTIPP

Nach Belieben die Spieße auf dem Holzkohle- oder Gasgrill zubereiten. Oder nur kurz in der Pfanne anbraten und im auf 150 °C vorgeheizten Ofen auf dem Ofengitter etwa 20 Minuten saftig durchgaren.

GEMÜSESCHASCHLIK
mit Tomaten-Ananas-Sauce

SCHASCHLIK
mit Tomaten-Ananas-Sauce

Gefüllte Paprikaschote
mit Juwelenreis

4 PERSONEN

FÜR DIE PAPRIKA

2 EL Korinthen
½ Tasse heißer Ingwertee
4 große gelbe Paprikaschoten
Salz · 1 Karotte
1 geh. EL Mandelblättchen
150 g Basmatireis
400 ml Gemüsebrühe
2 Eier
1–2 TL mildes Currypulver
3 EL Pistazienkerne
2 TL Berberitzen
(ersatzweise getr. Cranberrys)
mildes Chilisalz · Zimtpulver

FÜR DIE SAUCE

400 g passierte Tomaten
(aus der Dose)
150 ml Gemüsebrühe
1–2 fein geriebene Knoblauchzehen
1 TL fein geriebener Ingwer
½ TL Ras-el-Hanout
mildes Chilisalz · Zucker

FÜR DEN KRÄUTERDIP

100 g griech. Joghurt (10 % Fett)
1 EL gemischte Kräuterblätter
(z. B. Dill, Koriander, Minze, Petersilie; frisch geschnitten)
½ TL abgeriebene unbehandelte
Limettenschale
1 Spritzer Limettensaft
mildes Chilisalz

ZUBEREITUNG

1   Für die Paprika die Korinthen im heißen Ingwertee etwa 30 Minuten einweichen, dann in ein Sieb abgießen und abtropfen lassen. Inzwischen den Backofen auf 180 °C vorheizen. Von den Paprikaschoten jeweils einen Deckel abschneiden, die Schoten entkernen, waschen und in kochendem Salzwasser 3 bis 4 Minuten blanchieren. Herausnehmen und abtropfen lassen. Die Karotte putzen, schälen und in ½ cm große Würfel schneiden. Die Mandelblättchen in einer beschichteten Pfanne ohne Fett hell rösten, herausnehmen und abkühlen lassen.

2   Den Reis mit 300 ml Brühe und den Karottenwürfeln in einem Topf erhitzen und zugedeckt knapp unter dem Siedepunkt etwa 8 Minuten ziehen lassen. Vom Herd nehmen und zugedeckt noch etwa 5 Minuten ausquellen lassen. Eier, Curry, abgetropfte Korinthen, Mandelblättchen, Pistazien und Berberitzen unter den Reis rühren und mit Chilisalz und etwas Zimt würzen.

3   Die Paprikaschoten mit der Reismischung füllen, in eine Auflaufform setzen und die Deckel darauflegen. Die übrige Brühe in die Auflaufform gießen und die gefüllten Paprikaschoten im Ofen auf der mittleren Schiene 30 bis 35 Minuten garen. Dabei, falls nötig, etwas Brühe nachgießen. Die Paprika aus dem Ofen nehmen, aus der Form heben und warm halten, die Brühe für die Sauce verwenden.

4   Für die Sauce die Tomaten mit der Brühe in einem Topf erhitzen, Knoblauch und Ingwer hinzufügen und mit Ras-el-Hanout, Chilisalz und 1 Prise Zucker würzen. Die Sauce erhitzen und knapp unter dem Siedepunkt einige Minuten ziehen lassen. Dann die Brühe aus der Auflaufform (etwa 50 ml) dazugießen und die Tomatensauce bei Bedarf etwas nachwürzen.

5   Für den Kräuterdip den Joghurt mit Kräutern und Limettenschale verrühren und mit 1 Spritzer Limettensaft und Chilisalz würzen. Zum Servieren die Tomatensauce auf vorgewärmte Teller verteilen und die gefüllten Paprika daraufsetzen. Den Kräuterdip darum herumträufeln. Dazu passt ein Salat.

ALLE-ESSEN-MIT-TIPP

Wenn Sie die Paprika sowohl mit vegetarischer als auch mit Fleischfüllung servieren möchten, essen am besten alle die vegetarische Tomatensauce und den Dip dazu. Zur Unterscheidung gelbe und rote Paprikaschoten verwenden, jeweils füllen und zusammen in der Auflaufform backen – in dem Fall auch für die Hackfleischvariante Gemüsebrühe verwenden.

Gefüllte Paprikaschote
mit Hackfleisch

ZUBEREITUNG

1   Für die Paprika den Backofen auf 180 °C vorheizen und die Paprikaschoten, wie im Rezept links beschrieben, vorbereiten und blanchieren.

2   Das Brot in Würfel schneiden und in einer Schüssel mit der Milch übergießen. Die Zwiebel schälen, in feine Würfel schneiden und in einer Pfanne mit 100 ml Wasser weich garen, bis die ganze Flüssigkeit eingekocht ist.

3   Beide Hackfleischsorten mit dem eingeweichten Brot, Zwiebelwürfeln, den verquirlten Eiern, Senf, Majoran, Zitronenschale, Knoblauch, Ingwer und Petersilie mischen und die Masse mit etwas Muskatnuss und Chilisalz würzen.

4   Die Paprikaschoten mit der Hackfleischmischung füllen, in eine Auflaufform setzen und die Deckel darauflegen. Die Brühe in die Auflaufform gießen und die gefüllten Paprikaschoten im Ofen auf der mittleren Schiene 30 bis 35 Minuten garen. Dabei, falls nötig, zwischendurch etwas Brühe nachgießen. Die Paprikaschoten aus dem Ofen nehmen, aus der Form heben und warm halten, die Brühe für die Sauce verwenden.

5   Für die Sauce die Tomaten mit der Brühe in einem Topf erhitzen, Knoblauch, Ingwer und Rosmarinzweig hinzufügen, mit Chilisalz und 1 Prise Zucker würzen. Die Sauce erhitzen und einige Minuten knapp unter dem Siedepunkt ziehen lassen, den Rosmarinzweig wieder entfernen. Die Brühe aus der Auflaufform (etwa 50 ml) dazugießen und bei Bedarf etwas nachwürzen.

6   Den Kräuterdip, wie im Rezept links beschrieben, zubereiten.

7   Zum Servieren die Tomatensauce auf vorgewärmten Tellern verteilen. Die gefüllten Paprikaschoten daraufsetzen und den Kräuterdip darum herumträufeln. Dazu passt Reis, Kartoffelpüree oder Salat.

4 PERSONEN

FÜR DIE PAPRIKA

4 große rote Paprikaschoten
Salz · 70 g Toastbrot
70 ml Milch
1 kleine Zwiebel
je 200 g Schweine- und Kalbshackfleisch
2 Eier
2 TL scharfer Senf
1–2 TL getr. Majoran
abgeriebene Schale von
¼ unbehandelten Zitrone
1 fein geriebene Knoblauchzehe
½ TL fein geriebener Ingwer
3 EL Petersilienblätter
(frisch geschnitten)
frisch geriebene Muskatnuss
mildes Chilisalz
100 ml Hühnerbrühe

FÜR DIE SAUCE

siehe Rezept linke Seite, statt
Ras-el-Hanout aber 1 Rosmarinzweig

FÜR DEN KRÄUTERDIP

siehe Rezept linke Seite

Butterrübenschnitzel
mit Kartoffel-Steinpilz-Salat

4 PERSONEN

FÜR DIE SCHNITZEL

8 Scheiben Butterrübe (à 5–8 mm
Dicke, von 2 Knollen; ersatzweise
Steckrübe)
Salz
2 EL helle Sojasauce
½ TL mildes Currypulver
80 g doppelgriffiges Mehl
(Wiener Grießler)
200 g Weißbrotbrösel · 2 Eier
1 EL geschlagene Sahne
Öl zum Braten

FÜR DEN KARTOFFEL-SALAT

1 kg festkochende Kartoffeln · Salz
1 kleine Zwiebel
200 g kleine, feste Steinpilze
1 TL Öl · mildes Chilisalz
350 ml Gemüsebrühe
3 EL Weißweinessig
1–2 TL scharfer Senf · Zucker
1 EL Petersilienblätter
(frisch geschnitten)
1 EL Schnittlauchröllchen
3 EL braune Butter
(siehe Tipp Seite 28)

FÜR DEN FELDSALAT

siehe Rezept rechte Seite

AUSSERDEM

1 unbehandelte Limette (in Spalten)
4 EL Preiselbeerkompott
(aus dem Glas)

ZUBEREITUNG

1 Für die Schnitzel die Steckrübenscheiben in Salzwasser etwa 10 Minuten fast weich garen und abgießen. Die Sojasauce mit Curry verrühren und die Steckrübenscheiben darin etwa 1 Stunde ziehen lassen.

2 Zum Panieren Mehl und Weißbrotbrösel jeweils in tiefe Teller geben. Die Eier mit der Sahne in einem tiefen Teller verquirlen. Die Steckrübenscheiben aus der Marinade nehmen und trocken tupfen. Zuerst im Mehl wenden, dabei überschüssiges Mehl abklopfen, dann durch die Eier-Sahne-Mischung ziehen und zuletzt in den Weißbrotbröseln wenden, dabei nicht zu fest andrücken.

3 Das Öl etwa ½ cm hoch in einer tiefen Pfanne erhitzen und die panierten Schnitzel darin bei mittlerer Hitze zuerst auf einer Seite goldbraun backen. Wenden und, falls nötig, noch etwas Öl dazugeben und auch die zweite Seite backen. Die Schnitzel aus der Pfanne nehmen und auf Küchenpapier abtropfen lassen, warm halten.

4 Für den Salat die Kartoffeln waschen und mit Schale in Salzwasser weich garen. Abgießen, kurz ausdampfen lassen, heiß pellen und in dünne Scheiben schneiden. Die Kartoffelscheiben in eine Schüssel geben und noch heiß weiter verarbeiten. Die Zwiebel schälen und in feine Würfel schneiden. Die Zwiebelwürfel in einer Pfanne mit 100 ml Wasser weich garen, bis die Flüssigkeit eingekocht ist. Die Steinpilze putzen, trocken abreiben, halbieren und längs in etwa ½ cm dicke Scheiben schneiden. Eine große Pfanne bei mittlerer Temperatur erhitzen, das Öl mit einem Pinsel darin verstreichen und die Pilze anbraten. Mit Chilisalz würzen.

5 Für das Dressing die Brühe erhitzen, in einem hohen Rührbecher mit Essig und Senf verrühren und mit Chilisalz, Salz und 1 Prise Zucker würzen. 1 Handvoll Kartoffeln dazugeben und alles mit dem Stabmixer fein pürieren. Das Dressing nach und nach unter die Kartoffelscheiben mischen, bis die Flüssigkeit vollständig gebunden ist. Anschließend die Steinpilze mit Petersilie, Schnittlauch und brauner Butter unterheben. Den Salat kurz ziehen lassen und bei Bedarf noch etwas nachwürzen.

6 Den Feldsalat, wie auf der Seite rechts beschrieben, zubereiten. Die Schnitzel auf vorgewärmte Teller setzen und mit den Limettenspalten garnieren. Kartoffelsalat und Feldsalat daneben anrichten und die Preiselbeeren dazu reichen.

ALLE-ESSEN-MIT-TIPP

*Für Veggie- und Fleischfreunde einfach Kartoffel- und
Feldsalat für 4 Personen zubereiten und Rüben- oder Kalbsschnitzel in gewünschter Menge im Fett knusprig ausbacken.*

Wiener Schnitzel
mit Kartoffel-Steinpilz-Salat

ZUBEREITUNG

1   Für die Schnitzel die Zutaten für die Panade, wie auf der Seite links beschrieben, vorbereiten. Die Kalbsschnitzel mit etwas Wasser benetzen und mit Chilisalz und Pfeffer würzen. Zuerst im Mehl wenden, dabei überschüssiges Mehl abklopfen, dann durch die Eier-Sahne-Mischung ziehen und zuletzt in den Weißbrotbröseln wenden, ohne diese zu fest anzudrücken.

2   Das Öl etwa ½ cm hoch in einer tiefen Pfanne erhitzen und die panierten Schnitzel darin bei mittlerer Hitze zuerst auf einer Seite goldbraun backen. Die Schnitzel wenden, die Butter hinzufügen und, falls nötig, noch etwas Öl dazugeben und das Fett durch eine leichte Vor- und Rückbewegung der Pfanne über die Schnitzel „schwappen" lassen, sodass die Panade der Schnitzel sich wellenartig wölbt (zusätzlich die Schnitzel mithilfe eines Löffels mit heißem Fett übergießen, bis sie schön goldbraun sind). Die fertigen Schnitzel aus der Pfanne nehmen und auf Küchenpapier abtropfen lassen, dann warm halten.

3   Den Kartoffelsalat, wie im Rezept links beschrieben, zubereiten.

4   Den Feldsalat putzen, verlesen, waschen und trocken schleudern. Den Apfel waschen, vierteln und entkernen, die Apfelviertel in kleine Würfel schneiden. Den Feldsalat mit Zitronensaft, Olivenöl, Chilisalz und 1 Prise Zucker marinieren und die Apfelwürfel unterheben.

5   Die Schnitzel mit Kartoffelsalat und Feldsalat auf vorgewärmten Tellern anrichten und mit Zitronenspalten garnieren. Die Preiselbeeren dazu reichen.

4 PERSONEN

FÜR DIE SCHNITZEL

80 g doppelgriffiges Mehl
(Wiener Grießler)
200 g Weißbrotbrösel
2 Eier
1 EL geschlagene Sahne
8 kleine dünne Kalbsschnitzel
(à ca. 60 g; aus der Oberschale)
mildes Chilisalz
Pfeffer aus der Mühle
Öl zum Braten · 2 EL Butter

FÜR DEN KARTOFFEL-SALAT

siehe Rezept linke Seite

FÜR DEN FELDSALAT

100 g Feldsalat
½ rotschaliger Apfel
1 TL Zitronensaft
1 TL mildes Olivenöl
mildes Chilisalz
Zucker

AUSSERDEM

1 unbehandelte Zitrone (in Spalten)
4 EL Preiselbeerkompott
(aus dem Glas)

BUTTERRÜBENSCHNITZEL
mit Kartoffel-Steinpilz-Salat

WIENER SCHNITZEL
mit Kartoffel-Steinpilz-Salat

Wirsing-Cordon-bleu
mit Kartoffel-Paprika-Gröstl

4 PERSONEN

FÜR DAS GRÖSTL

800 g fest kochende Kartoffeln
Salz · 3 Frühlingszwiebeln
1 rote Spitzpaprikaschote
2 Handvoll kleine feste Pfifferlinge
(ersatzweise andere Pilze)
1 EL Öl · mildes Chilisalz
Pfeffer aus der Mühle
1 Prise gemahlener Kümmel
½ – 1 TL getr. Oregano
1 EL Olivenöl
1 EL Petersilienblätter
(frisch geschnitten)

FÜR DIE CORDON BLEU

4 große Wirsingblätter · Salz
200 g Räuchertofu
(nach Belieben mariniert)
8 kleinere, dünne Scheiben Käse
(z. B. Bergkäse, Emmentaler oder
Gruyere)
100 g doppelgriffiges Mehl
(Wiener Grießler)
100 g Weißbrotbrösel · 2 Eier
2 TL Sahnemeerrettich
2 TL Dijon-Senf
mildes Chilisalz
frisch geriebene Muskatnuss
Öl zum Braten

ZUBEREITUNG

1 Für das Gröstl die Kartoffeln waschen und mit Schale in Salzwasser weich garen. Abgießen, kurz ausdampfen lassen, heiß pellen und mehrere Stunden, am besten über Nacht, abkühlen lassen. Danach in Scheiben schneiden.

2 Für die Cordon bleu die Wirsingblätter waschen und die Blattrippen entfernen. Die Blätter nach Belieben in rechteckige Stücke schneiden und in kochendem Salzwasser 6 bis 8 Minuten blanchieren. In ein Sieb abgießen, kalt abschrecken, auf einem Sieb abtropfen lassen. Dann die Blätter nacheinander zwischen zwei Küchentüchern trocken tupfen.

3 Für die Füllung den Räuchertofu in 8 gleich große Scheiben (etwa 7 ½ cm x 3 ½ cm x 8 mm) schneiden. Je 1 Tofuscheibe in 1 Käsescheibe wickeln und diese anschließend in 1 blanchiertes Wirsingblatt wickeln.

4 Das Mehl und die Weißbrotbrösel jeweils in tiefe Teller geben. Die Eier mit Sahnemeerrettich und Senf in einem tiefen Teller verquirlen, mit Chilisalz und 1 Prise Muskatnuss würzen.

5 Die Wirsingpäckchen zuerst im Mehl wenden, dann durch das Ei ziehen und zuletzt in den Weißbrotbröseln wenden. Reichlich Öl in einer Pfanne erhitzen und die gefüllten Wirsingschnitzel darin rundherum goldbraun braten. Herausnehmen und auf Küchenpapier abtropfen lassen, warm halten.

6 Die Frühlingszwiebeln putzen, waschen und schräg in ½ cm dünne Ringe schneiden. Die Paprika längs halbieren, entkernen, waschen und in etwa 1 ½ cm große Rauten schneiden. Die Pfifferlinge gründlich putzen und, falls nötig, waschen und trocken tupfen (andere Pilze nur putzen und trocken abreiben).

7 Das Öl in einer großen Pfanne erhitzen und die Kartoffeln darin kurz anbraten. Die Paprika dazugeben und mitbraten. Dann die Pfifferlinge mit den Frühlingszwiebeln hinzufügen und alles noch ein paar Minuten mitbraten. Die Kartoffeln mit Chilisalz, Pfeffer, Kümmel und Oregano würzen. Zuletzt das Olivenöl und die Petersilie unterrühren.

8 Zum Servieren die Wirsing-Cordon-bleu auf vorgewärmten Tellern anrichten und das Karoffel-Paprika-Gröstl danebensetzen.

Cordon bleu
mit Kartoffel-Paprika-Gröstl

ZUBEREITUNG

1 Das Gröstl, wie im Rezept links beschrieben, zubereiten.

2 Für die Cordon bleu das Mehl und die Weißbrotbrösel jeweils in tiefe Teller geben. Die Eier mit Sahnemeerrettich und Senf in einem tiefen Teller verquirlen, mit Chilisalz und 1 Prise Muskatnuss würzen.

3 Die Kalbsschnitzel zwischen zwei Lagen geölter Frischhaltefolie mit der flachen Seite des Schnitzelklopfers dünn klopfen. Etwas mit Salz und Pfeffer würzen. Je eine Schnitzelhälfte mit je 1 Scheibe Schinken und Käse belegen. Das Fleisch über der Füllung zusammenklappen, sodass die Füllung nicht mehr sichtbar ist.

4 Die gefüllten Kalbsschnitzel nacheinander zuerst im Mehl wenden, dabei überschüssiges Mehl abklopfen, dann durch die Eier ziehen und zum Schluss in den Weißbrotbröseln wenden, ohne diese zu fest anzudrücken.

5 Das Öl in einer Pfanne erhitzen und die Schnitzel darin bei mittlerer Hitze auf beiden Seiten je etwa 3 Minuten goldbraun braten. Am Ende der Garzeit die Butter dazugeben, aufschäumen lassen und die Schnitzel damit begießen. Herausnehmen und auf Küchenpapier abtropfen lassen, warm halten.

6 Zum Servieren die Cordon bleu auf vorgewärmten Tellern anrichten und das Kartoffel-Paprika-Gröstl danebensetzen.

4 PERSONEN

FÜR DAS GRÖSTL

siehe Rezept linke Seite

FÜR DIE CORDON BLEU

100 g doppelgriffiges Mehl
(Wiener Grießler)
100 g Weißbrotbrösel · 2 Eier
2 TL Sahnemeerrettich
2 TL Dijon-Senf
mildes Chilisalz
frisch geriebene Muskatnuss
4 Kalbsschnitzel (à ca. 140 g)
Öl für die Folie
Salz · Pfeffer aus der Mühle
4 Scheiben gekochter Schinken
(à ca. 30 g)
4 Scheiben Käse (z. B. Bergkäse,
Emmentaler oder Gruyere)
ca. 100 ml Öl zum Braten
1 EL Butter

ALLE-ESSEN-MIT-TIPP

Bereiten Sie die Zutaten für die Panade am besten gleich für
4 Personen zu. Dann können Sie zuerst die Wirsing-Variante,
anschließend die Kalbfleisch-Cordon-bleu darin panieren bzw.
ausbacken. Das Gröstl ist für alle das Gleiche.

Auberginen-Piccata
mit Tomaten-Spaghetti

4 PERSONEN

FÜR DIE PICCATA

2–3 Eier
80 g geriebener Parmesan
80 g doppelgriffiges Mehl
(Wiener Grießler)
mildes Chilisalz
etwas frisch geriebene Muskatnuss
1 mittelgroße Aubergine (ca. 250 g)
1 TL Zatar-Gewürz (ersatzweise
getr. italienische Kräuter)
1–2 EL Öl zum Braten

FÜR DIE SAUCE

½ Zwiebel · ½ kleine Karotte
½ TL Puderzucker
1 TL Tomatenmark
400 g passierte Tomaten
(aus der Dose)
80 ml Gemüsebrühe
1 Knoblauchzehe
getr. Oregano
2 EL mildes Olivenöl
mildes Chilisalz

FÜR DIE NUDELN

siehe Rezept rechte Seite

FÜR DIE TOMATEN

siehe Rezept rechte Seite

ZUBEREITUNG

1   Für die Piccata die Eier mit Parmesan und 1 EL Mehl in einer Schüssel zu einer sämigen Masse verquirlen und mit Chilisalz und Muskatnuss würzen. (Die Menge der Eier hängt davon ab, wie fein der Parmesan gerieben ist. Je feiner, umso mehr Eier werden gebunden.) Die Aubergine putzen, waschen und quer in 4 bis 5 mm dicke Scheiben schneiden. (Alternativ die Aubergine nach Belieben zuerst längs in Scheiben schneiden und diese dann halbieren.)

2   Das übrige Mehl mit Zatar in einem tiefen Teller mischen. In einer Pfanne das Öl erhitzen. Die Auberginenscheiben nacheinander zuerst im Mehl wenden, dann durch die Ei-Parmesan-Masse ziehen und etwas ablaufen lassen. In der Pfanne bei milder Hitze im Öl auf beiden Seiten je etwa 3 Minuten langsam hell anbraten. Herausnehmen und auf Küchenpapier abtropfen lassen, warm halten.

3   Für die Sauce Zwiebel und Karotte putzen, schälen und in feine Würfel schneiden. Den Puderzucker in einem Topf hell karamellisieren und Zwiebel und Karotte darin bei milder Hitze einige Minuten andünsten. Das Tomatenmark dazugeben und kurz mitdünsten. Passierte Tomaten und Brühe dazugeben und alles offen bei milder Hitze 20 Minuten köcheln lassen. Die Knoblauchzehe schälen und dazupressen, mit 1 Prise Oregano würzen. Die Sauce mit dem Stabmixer fein pürieren, dabei das Olivenöl hineinlaufen lassen, und zuletzt mit Chilisalz würzen.

4   Die Nudeln und die Tomaten, wie im Rezept rechts beschrieben, zubereiten.

5   Zum Servieren die Spaghetti mit einer Fleischgabel aufdrehen und auf vorgewärmten Tellern anrichten. Die Tomatensauce darauf verteilen, die Auberginen-Piccata dazulegen und die Cocktailtomaten daraufsetzen. Nach Belieben mit Basilikumblättern garnieren.

ALLE-ESSEN-MIT-TIPP

Bereiten Sie Sauce, Nudeln und Tomaten für 4 Personen zu – die Auberginen oder Schnitzel nur in der gewünschten Menge, dabei ist die Panade gleich. Am besten zuerst die Auberginen, dann die Schnitzel braten, so sparen Sie Kochgeschirr. Besonders knusprig werden Auberginenscheiben, wenn man sie statt mit der Parmesanmasse nur mit etwas Wasser benetzt und in der Mehl-Zatar-Mischung wendet. Dann nochmals mit etwas Wasser benetzen und alles verreiben, bis ein sämiger Film entstanden ist.

Piccata milanese
mit Cocktailtomaten

ZUBEREITUNG

1 Für die Piccata die Eier mit Parmesan und 1 EL Mehl in einer Schüssel zu einer sämigen Masse verquirlen und mit Chilisalz und Muskatnuss würzen. Die Kalbsschnitzel zwischen zwei Blättern geölter Frischhaltefolie dünn klopfen, etwas mit Salz und Pfeffer würzen.

2 Das übrige Mehl mit den italienischen Kräutern in einem tiefen Teller mischen. In einer Pfanne das Öl erhitzen. Die Schnitzel nacheinander zuerst im Mehl wenden, dann durch die Ei-Parmesan-Masse ziehen und etwas ablaufen lassen. In der Pfanne bei milder Hitze im Öl auf beiden Seiten je 2 bis 3 Minuten hell anbraten. Herausnehmen und auf Küchenpapier abtropfen lassen.

3 Die Tomatensauce, wie im Rezept links beschrieben, zubereiten.

4 Für die Nudeln die Spaghetti in reichlich kochendem Salzwasser mit dem Ingwer, 3 Minuten kürzer als auf der Packung angegeben, garen. In ein Sieb abgießen und abtropfen lassen, den Ingwer wieder entfernen. Zum Servieren die Brühe in einer tiefen Pfanne erhitzen. Die vorgegarten Spaghetti dazugeben und etwa 2 Minuten garen, bis sie fast die gesamte Flüssigkeit aufgenommen haben. Zuletzt das Olivenöl unterrühren.

5 Die Tomaten waschen und halbieren. Mit dem Olivenöl in einer Pfanne kurz erhitzen, mit Chilisalz würzen und zuletzt das Basilikum untermischen.

6 Die Spaghetti mit einer Fleischgabel aufdrehen und auf vorgewärmten Tellern anrichten. Die Tomatensauce darauf verteilen, die Piccata dazusetzen und die Cocktailtomaten darauflegen. Nach Belieben mit Basilikumblättern und essbaren Blüten garnieren.

4 PERSONEN

FÜR DIE PICCATA

2–3 Eier
80 g geriebener Parmesan
80 g doppelgriffiges Mehl
(Wiener Grießler)
mildes Chilisalz
etwas frisch geriebene Muskatnuss
8 kleine Kalbsschnitzel (à ca. 60 g)
Öl für die Folie
Salz · Pfeffer aus der Mühle
1 TL getr. italienische Kräuter
(ersatzweise getr. Kräuter der
Provence oder Zatar-Gewürz)
1–2 EL Öl zum Braten

FÜR DIE SAUCE

siehe Rezept linke Seite

FÜR DIE NUDELN

300 g Spaghetti · Salz
3 Scheiben Ingwer
200 ml Gemüsebrühe
1 EL mildes Olivenöl

FÜR DIE TOMATEN

150 g Cocktailtomaten
(nach Belieben bunt)
1 TL Olivenöl · mildes Chilisalz
1 TL Basilikumblätter
(frisch geschnitten)

TAUSCHTIPP

Die Parmesan-Eier-Mischung für die Panade können Sie nach Belieben mit etwas abgeriebener unbehandelter Zitronenschale würzen.

AUBERGINEN-PICCATA
mit Tomaten-Spaghetti

PICCATA MILANESE
mit Cocktailtomaten

Polentastrudel
mit Kräuter-Pesto-Joghurt

4 PERSONEN

FÜR DIE FÜLLUNG

1 EL getr. Trompetenpilze
40 g Tramezzini-Brot
(ca. 12 x 24 cm)
150 ml Milch
40 g getr. Tomaten (in Öl)
120 ml Gemüsebrühe
Salz · Pfeffer aus der Mühle
100 g Instant-Polenta
1 geh. EL Pistazienkerne
1 Ei · 1 Eigelb
2 EL geriebener Parmesan
1 TL Zatar-Gewürz

FÜR DIE STRUDEL

siehe Rezept rechte Seite

FÜR DEN JOGHURT

je 1 Bund Petersilie, Basilikum
und Dill · Salz
1 TL geriebener Parmesan
1 TL geröstete Mandelblättchen
1 kleine, fein geriebene Knoblauchzehe
3 EL mildes Olivenöl
3 EL zerlassene braune Butter
(wieder etwas abgekühlt;
siehe Tipp Seite 28)
3 EL Gemüsebrühe
150 g griech. Joghurt (10 % Fett)
mildes Chilisalz

ZUBEREITUNG

1   Für die Füllung die Trockenpilze in einem Topf mit Wasser aufkochen, vom Herd nehmen und 10 bis 15 Minuten ziehen lassen. In ein Sieb abgießen, abtropfen und abkühlen lassen, dann in ½ bis 1 cm große Blättchen schneiden.

2   Das Tramezzini-Brot in ½ bis 1 cm große Würfel schneiden und mit 2 EL Milch beträufeln. Die getrockneten Tomaten abtropfen lassen und in ½ bis 1 cm große Stücke schneiden.

3   Brühe und übrige Milch in einen Topf geben, mit Salz würzen und aufkochen. Die Polenta einrieseln lassen und bei milder Hitze unter Rühren einige Minuten dicklich einköcheln lassen (je nach Hersteller kann die Garzeit etwas schwanken). Den Topf vom Herd nehmen und Trockenpilze, Brotwürfel, getrocknete Tomaten und Pistazien unter die Polentamasse rühren. Ei und Eigelb verquirlen und mit Parmesan und Zatar unter die Polentamasse rühren. Bei Bedarf etwas nachwürzen.

4   Die Strudel, wie im Rezept rechts beschrieben, zubereiten, warm halten.

5   Für den Joghurt zuerst ein Pesto herstellen: Dazu die Petersilienblätter von den Stielen zupfen, waschen und in Salzwasser blanchieren. In ein Sieb abgießen, kalt abschrecken und abtropfen lassen. Mit den Händen das übrige Wasser ausdrücken.

6   Basilikum und Dill waschen, trocken tupfen, die Blätter bzw. Spitzen abzupfen und mit der Petersilie in den Blitzhacker geben. Parmesan, Mandeln, Knoblauch, Olivenöl, braune Butter und Brühe hinzufügen und alles zu einer Paste mixen. Den Joghurt mit 2 EL Kräuterpesto verrühren (das übrige Pesto anderweitig verwenden, siehe Tipp) und mit Chilisalz würzen.

7   Die Strudel auf Teller verteilen und mit dem Kräuter-Pesto-Joghurt servieren. Dazu passt auch ein Blattsalat sehr gut (siehe Rezept rechte Seite).

ALLE-ESSEN-MIT-TIPP

Wenn Sie die Strudel für Vegetarier und Fleischfans braten möchten, die Füllung in gewünschter Menge herstellen und die Strudel entsprechend füllen. Wer nur einen Dip zu beiden Strudeln anrühren möchte, entscheidet sich am besten für den Pesto-Joghurt, er harmoniert mit beiden. Der Senf-Orangen-Joghurt passt am besten zur Fleischvariante.

Kalbsbrätstrudel
mit Senf-Orangen-Joghurt

ZUBEREITUNG

1 Für die Füllung die Trockenpilze in einem Topf mit Wasser aufkochen, vom Herd nehmen und 10 bis 15 Minuten ziehen lassen. In ein Sieb abgießen, gut abtropfen lassen und abkühlen lassen, dann in ½ cm große Blättchen schneiden.

2 Den Schinken in ½ cm große Würfel schneiden. Die Laugenstange ebenfalls in ½ cm große Würfel schneiden, in einer Pfanne ohne Fett rundherum rösten, herausnehmen und abkühlen lassen.

3 Das Kalbsbrät mit der Sahne glatt verrühren, Pistazien, Trockenpilze, Schinken, Laugenwürfel, Petersilie und Zitronenschale unterrühren, bei Bedarf mit Salz und Pfeffer würzen.

4 Für die Strudel jeweils 1 Strudelblatt auf ein Küchentuch legen und mit zerlassener Butter bestreichen, mit einem zweiten Strudelblatt belegen, ebenfalls mit Butter bestreichen und mit einem dritten Blatt belegen. Ein Viertel der Brätmasse in der Mitte als längliches Rechteck (etwa 6 x 12 cm Größe) auf dem Teig verteilen. Eigelb und Sahne verquirlen und die Strudelteigränder damit bestreichen. Den Strudelteig über der Füllung zusammenklappen, die seitlichen Enden andrücken und bis auf etwa 1 cm abschneiden. Übrige Strudelteigblätter und Füllung auf dieselbe Weise zu 3 weiteren Strudeln verarbeiten.

5 Eine Pfanne bei mittlerer Temperatur erhitzen und das Öl mit einem Pinsel darin verstreichen. Die Strudel darin zuerst auf der Naht bei milder Hitze hellbraun anbraten, dann wenden und auch an den Seiten braten. Die Hitze sollte so mild sein, dass der Strudel in etwa 8 Minuten hell bräunt und dabei durchbäckt.

6 Den Salat von groben Strünken befreien, gründlich waschen, trocken schleudern und in mundgerechte Stücke pflücken. Den Salat in eine Schüssel geben und mit Essig und Olivenöl marinieren und mit Chilisalz und 1 Prise Zucker würzen.

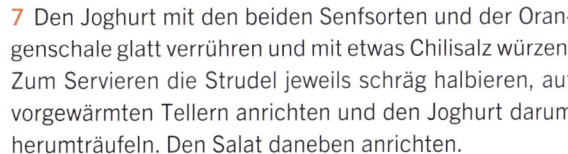

7 Den Joghurt mit den beiden Senfsorten und der Orangenschale glatt verrühren und mit etwas Chilisalz würzen. Zum Servieren die Strudel jeweils schräg halbieren, auf vorgewärmten Tellern anrichten und den Joghurt darum herumträufeln. Den Salat daneben anrichten.

4 PERSONEN

FÜR DIE FÜLLUNG

½–1 EL getr. Totentrompeten
70 g gekochter Hinterschinken
(am Stück)
40 g Laugenstange oder -breze
200 g Kalbsbrät · 60 g Sahne
1 ½ EL Pistazienkerne
1 gestr. EL frisch geschnittene
Petersilie
½ TL abgeriebene unbehandelte
Zitronenschale
Salz · Pfeffer aus der Mühle

FÜR DIE STRUDEL

12 Strudelteigblätter
(ca. 15 x 15 cm; aus dem Kühlregal)
2 EL zerlassene Butter
1 Eigelb · 1 EL Sahne
1–2 EL Öl

FÜR DEN SALAT

300 g Blattsalat (z. B. Castelfranco
oder Batavia)
1 EL Weißweinessig
2 EL mildes Olivenöl
mildes Chilisalz · Zucker

FÜR DEN JOGHURT

150 g griech. Joghurt (10 % Fett)
1–2 TL Dijon-Senf
1–2 TL süßer Senf
½ TL abgeriebene unbehandelte
Orangenschale
mildes Chilisalz

POLENTASTRUDEL
mit Kräuter-Pesto-Joghurt

KALBSBRÄTSTRUDEL
mit Senf-Orangen-Joghurt

Kürbisrahmgulasch
mit Kartoffelwürfeln

4 PERSONEN

FÜR DIE SAUCE

1 rote Paprikaschote
250 g Butternuss- oder Muskatkürbis
½ TL Öl
1 TL Tomatenmark
¼ l Gemüsebrühe
1 TL Paprikapulver (edelsüß)
1 Msp. Räucherpaprika
(Pimentón de la Vera picante)
1–2 Knoblauchzehen
1 TL ganzer Kümmel für die
Gewürzmühle
1 TL getr. Majoran
½ –1 TL abgeriebene unbehandelte
Zitronenschale
100 g Sahne
Salz

FÜR DAS GEMÜSE

je 2 rote und grüne Paprikaschoten
(ca. 900 g)
170 ml Gemüsebrühe
2 TL kalte Butter
mildes Chilisalz
600 g Butternuss- oder Muskatkürbis

FÜR DIE KARTOFFELN

siehe Rezept rechte Seite

ZUBEREITUNG

1 Für die Sauce die Paprika längs halbieren, entkernen und waschen. Die Hälften mit dem Sparschäler schälen und in kleine Würfel schneiden. Den Kürbis schälen, die Kerne mit einem Löffel entfernen und das Kürbisfleisch 1 cm groß würfeln.

2 Einen Topf bei milder Temperatur erhitzen, das Öl mit einem Pinsel darin verstreichen und Kürbis und Paprika etwas andünsten. Das Tomatenmark dazugeben und kurz mitrösten. Die Brühe dazugießen, mit einem Blatt Backpapier bedecken und alles knapp unter dem Siedepunkt etwa 30 Minuten weich garen.

3 Inzwischen für das Gulaschgewürz Paprikapulver und Räucherpaprika mit etwas Wasser verrühren. Knoblauch schälen und in eine Schüssel reiben. Mit Kümmel aus der Gewürzmühle, Majoran und Zitronenschale mischen.

4 Die Sahne mit dem angerührten Paprikapulver und etwa drei Vierteln des Gulaschgewürzes zum Gemüse geben und das Ganze mit dem Stabmixer zu einer glatten Sauce pürieren. Einige Minuten ziehen lassen und mit Salz sowie nach Bedarf noch mit etwas Gulaschgewürz würzen.

5 Für das Gemüse die Paprikaschoten längs halbieren, entkernen und waschen. Die Hälften mit einem Sparschäler schälen und in 1 cm große Stücke schneiden. Mit 70 ml Brühe in einen Topf geben, mit einem Blatt Backpapier bedecken und alles knapp unter dem Siedepunkt etwa 10 Minuten weich dünsten. Zuletzt 1 TL kalte Butter unterrühren und mit Chilisalz würzen.

6 Inzwischen den Kürbis schälen, die Kerne mit einem Löffel entfernen und das Kürbisfleisch in 1 cm dicke und 2 cm große Würfel schneiden. Mit der übrigen Brühe in einen Topf geben, mit einem Blatt Backpapier bedecken und alles knapp unter dem Siedepunkt etwa 15 Minuten weich garen. Zuletzt die restliche kalte Butter unterrühren und mit Chilisalz würzen.

7 Die Kartoffelwürfel, wie im Rezept rechts beschrieben, zubereiten. Die Sauce auf vorgewärmte tiefe Teller verteilen, Paprika und Kürbis mittig darauf anrichten und die Kartoffelwürfel darüber verteilen. Nach Belieben mit frisch geschnittenen Petersilienblättern bestreuen und sofort servieren.

PRAXISTIPP

Zum Vorbereiten Kürbis und Paprika mit der Sauce mischen und mehrere Stunden gekühlt aufbewahren. Dabei zieht das Gulascharoma auch durch das Innere der Gemüsewürfel. Zum Servieren nochmals kurz erhitzen und nachwürzen.

Kalbsrahmgulasch
mit Kartoffelwürfeln

ZUBEREITUNG

1 Für das Gulasch das Kalbfleisch von Fett und groben Sehnen befreien und in etwa 3 cm große Würfel schneiden. Die Zwiebeln schälen, halbieren und in Streifen schneiden.

2 Einen großen Topf bei milder Temperatur erhitzen und die Zwiebeln darin ohne Fett einige Minuten andünsten. Das Tomatenmark dazugeben und kurz mitrösten. Die Brühe dazugießen und das Fleisch hinzufügen, mit einem Blatt Backpapier bedecken und das Gulasch knapp unter dem Siedepunkt 2 ½ bis 3 Stunden mehr ziehen als köcheln lassen.

3 Inzwischen für das Gulaschgewürz das Paprikapulver mit etwas Wasser sämig verrühren. Den Knoblauch schälen und in eine kleine Schüssel reiben. Mit Kümmel aus der Gewürzmühle, Majoran und Zitronenschale würzen und alles mischen.

4 Die Kartoffeln schälen, waschen, in 1 cm große Würfel schneiden und in Salzwasser etwa 10 Minuten fast gar kochen. In ein Sieb abgießen, abtropfen und ausdampfen lassen und bei Bedarf mit einem Küchentuch noch etwas trocken tupfen. Eine Pfanne bei mittlerer Temperatur erhitzen, das Öl mit einem Pinsel darin verstreichen und die Kartoffelwürfel goldbraun braten. Danach mit Chilisalz würzen.

5 Die Fleischwürfel mit dem Schaumlöffel aus dem Topf nehmen. Drei Viertel des Gulaschgewürzes mit dem angerührten Paprikapulver und der Sahne zur Sauce geben und alles mit dem Stabmixer fein pürieren, mit Chilisalz würzen. Die Fleischwürfel wieder in den Topf geben und das Kalbsrahmgulasch knapp unter dem Siedepunkt noch einige Minuten ziehen lassen. Bei Bedarf mit dem restlichen Gulaschgewürz und Chilisalz noch etwas nachwürzen.

6 Das Gulasch auf vorgewärmte tiefe Teller verteilen und die Kartoffelwürfel dazu servieren (alternativ passen auch Spätzle, Bandnudeln oder Kartoffelpüree).

4 PERSONEN

FÜR DAS GULASCH

1 kg Kalbfleisch (aus der Schulter)
1 kg Zwiebeln
1 EL Tomatenmark
½ l Hühnerbrühe
1 EL Paprika (edelsüß)
2 Knoblauchzehen
1 TL ganzer Kümmel für die Gewürzmühle
1 TL getr. Majoran
½ – 1 TL abgeriebene unbehandelte Zitronenschale
80 g Sahne
mildes Chilisalz

FÜR DIE KARTOFFELN

2 festkochende Kartoffeln
Salz
1 TL Öl
mildes Chilisalz

ALLE-ESSEN-MIT-TIPP
Die Kartoffelwürfel für 4 Personen zubereiten, die beiden Gulaschvarianten nur in der Menge, die gewünscht ist – dabei können Sie das Gulaschgewürz für alle gleich vorbereiten.

KÜRBISRAHMGULASCH
mit Kartoffelwürfeln

KALBSRAHMGULASCH
mit Kartoffelwürfeln

Almkäsepflanzerl
mit Radieserl-Kopfsalat

4 PERSONEN

FÜR DIE PFLANZERL

200 g Almkäse (am Stück)
100 g Tramezzini-Brot
(ersatzweise Toastbrot)
800 g Magerquark · ½ Zwiebel
je 1 TL Fenchel- und Kümmelsamen,
Koriander- und schwarze Pfefferkörner für die Gewürzmühle
(ersatzweise Brotgewürz)
2 Eigelb
½ TL abgeriebene unbehandelte
Zitronenschale
1 EL Petersilienblätter
(frisch geschnitten)
mildes Chilisalz
je ½ TL gemahlene Kurkuma und
Paprikapulver (edelsüß)
frisch geriebene Muskatnuss
100 g Weißbrotbrösel
Öl zum Braten

FÜR DEN KOPFSALAT

1 kleiner Kopfsalat
½ Bund Radieschen
70 ml Gemüsebrühe
1 TL Senf · 2 EL Weißweinessig
1 Msp. abgeriebene unbehandelte
Zitronenschale
mildes Chilisalz
Salz · Pfeffer aus der Mühle
Zucker
2 EL mildes Olivenöl

ZUBEREITUNG

1 Für die Pflanzerl den Käse bei Bedarf entrinden und in 3 bis 4 mm große Würfel schneiden oder auf der Reibe grob reiben. Das Tramezzini-Brot klein schneiden und im Blitzhacker zu Bröseln zerkleinern. Den Quark in ein feuchtes Küchentuch geben, die Enden des Tuchs zusammennehmen und die Flüssigkeit kräftig ausdrücken, sodass etwa 500 g trockener Quark übrig bleiben.

2 Die Zwiebelhälfte schälen und in sehr feine Würfel schneiden. Die Zwiebelwürfel in einer Pfanne mit 100 ml Wasser weich garen, bis die Flüssigkeit eingekocht ist. Die Fenchel- und Kümmelsamen sowie Koriander- und Pfefferkörner in eine Gewürzmühle füllen.

3 Den Quark mit Toastbrotbröseln, Käse, Eigelben, Zwiebelwürfeln, Zitronenschale und Petersilie in eine Schüssel geben. Alles mit Chilisalz, Kurkuma, Paprika, Muskatnuss und etwas Mischung aus der Gewürzmühle würzen und gleichmäßig mischen.

4 Die Weißbrotbrösel in einen tiefen Teller geben. Aus der Topfen-Käse-Masse mit angefeuchteten Händen 12 Pflanzerl formen und in den Weißbrotbröseln wenden. 1 EL Öl in einer Pfanne bei mittlerer Temperatur erhitzen und die Pflanzerl darin bei milder Hitze auf beiden Seiten langsam braten. Zwischendurch bei Bedarf noch etwas Öl hinzufügen. Herausnehmen und auf Küchenpapier abtropfen lassen, warm halten.

5 Den Salat putzen, in die einzelnen Blätter teilen, waschen, trocken schleudern und in mundgerechte Stücke zupfen. Die Radieschen putzen, waschen und in Scheiben hobeln. Beides in einer Schüssel mischen.

6 Für das Dressing die Brühe mit Senf, Essig und Zitronenschale verrühren. Mit Chilisalz, Salz, Pfeffer und 1 Prise Zucker würzen und das Olivenöl unterrühren, bei Bedarf noch etwas nachwürzen.

7 Zum Servieren das Dressing über den Salat geben und vorsichtig mischen. Die Almkäsepflanzerl auf vorgewärmten Tellern anrichten und den Salat dazu servieren.

ALLE-ESSEN-MIT-TIPP

Wenn 4 Personen mitessen, bereiten Sie am besten den
Radieserl-Kopfsalat für alle zu und braten die benötigte
Anzahl an Veggie- und Fleischpflanzerln dazu.

Kalbfleischpflanzerl
mit Kartoffel-Gurken-Salat

ZUBEREITUNG

1   Für die Pflanzerl das Tramezzini-Brot in Würfel schneiden und in einer Schüssel in der Milch einweichen. Die Zwiebel schälen und in sehr feine Würfel schneiden. Die Zwiebelwürfel in einer Pfanne mit 100 ml Wasser weich garen, bis die Flüssigkeit eingekocht ist. Anschließend den Ingwer hinzufügen. Die Eier mit Senf, etwas Salz und Pfeffer, Chilisalz, 1 Prise Muskatnuss und Zitronenschale verquirlen.

2   Beide Hackfleischsorten mit dem eingeweichten Brot, den verquirlten Eiern und Zwiebelwürfeln in eine Schüssel geben, mit 1 Prise Majoran und der Petersilie würzen und alles gründlich mischen. Die Weißbrotbrösel in einen tiefen Teller geben. Aus der Hackfleischmasse mit angefeuchteten Händen 12 Fleischpflanzerl formen und in Weißbrotbröseln wenden. Die Pflanzerl in einer Pfanne bei mittlerer Hitze im Öl von beiden Seiten goldbraun braten. Herausnehmen und auf Küchenpapier abtropfen lassen, warm halten.

3   Für den Salat die Kartoffeln waschen und mit Schale in Salzwasser weich garen. Abgießen, kurz ausdampfen lassen, heiß pellen und in dünne Scheiben schneiden. Die Kartoffelscheiben in eine Schüssel geben und noch heiß weiterverarbeiten.

4   Die Zwiebel schälen und in feine Würfel schneiden. Die Zwiebelwürfel in einer Pfanne mit 100 ml Wasser weich garen, bis die Flüssigkeit eingekocht ist. Die Gurke schälen und auf der Gemüsereibe in feine Scheiben hobeln. Die Radieschen putzen, waschen und ebenfalls in feine Scheiben hobeln.

5   Für das Dressing die Brühe erhitzen, in einem hohen Rührbecher mit Essig und Senf verrühren und mit Chilisalz, Salz und 1 Prise Zucker würzen. 1 Handvoll Kartoffeln dazugeben und alles mit dem Stabmixer fein pürieren. Das Dressing nach und nach unter die Kartoffelscheiben mischen, bis die Flüssigkeit vollständig gebunden ist. Anschließend mit Zwiebelwürfeln, Gurken- und Radieschenscheiben, Petersilie, Schnittlauch und brauner Butter unterheben. Den Salat kurz ziehen lassen und bei Bedarf noch etwas nachwürzen.

6   Zum Servieren die Kalbfleischpflanzerl mit dem Kartoffel-Gurken-Salat auf vorgewärmten Tellern anrichten oder nach Belieben mit dem Radieserl-Kopfsalat vom Rezept auf der linken Seite servieren.

4 PERSONEN

FÜR DIE PFLANZERL

80 g Tramezzini-Brot
(ersatzweise Toastbrot)
100 ml Milch · ½ Zwiebel
1 Msp. fein geriebener Ingwer
2 Eier · 2 TL scharfer Senf
Salz · Pfeffer aus der Mühle
mildes Chilisalz
frisch geriebene Muskatnuss
abgeriebene Schale von ½ unbehandelten Zitrone
250 g Kalbshackfleisch
250 g Schweinehackfleisch
getr. Majoran
1 EL Petersilienblätter
(frisch geschnitten)
100 g Weißbrotbrösel zum Panieren
Öl zum Braten

FÜR DEN KARTOFFEL-SALAT

1 kg festkochende Kartoffeln · Salz
1 kleine Zwiebel
1 Gemüsegurke · 5 Radieschen
350 ml Gemüsebrühe
3 EL Weißweinessig
1–2 TL scharfer Senf
mildes Chilisalz · Zucker
1 EL Petersilienblätter
(frisch geschnitten)
1 EL Schnittlauchröllchen
3 EL braune Butter
(siehe Tipp Seite 28)

Veggie-Burger
mit Limettenjoghurt und Salat

4 PERSONEN

FÜR DIE BRATLINGE

1 Zwiebel
75 g feines Sojagranulat
200 ml Gemüsebrühe
1 TL mildes Currypulver
2 EL Weißbrotbrösel
1–2 EL Petersilienblätter
(frisch geschnitten)
2 Eier
mildes Chilisalz
1–2 TL Öl zum Braten

FÜR DEN JOGHURT

200 g griech. Joghurt (10 % Fett)
2 EL Milch
1 fein geriebene Knoblauchzehe
½ TL fein geriebener Ingwer
abgeriebene Schale von 1 unbehandelten Limette
1 Spritzer Limettensaft
mildes Chilisalz
Zucker

FÜR DEN SALAT

siehe Rezept rechte Seite

AUSSERDEM

8 große Toastbrotscheiben

ZUBEREITUNG

1   Für die Bratlinge die Zwiebel schälen und in feine Würfel schneiden. Die Zwiebelwürfel in einer Pfanne mit 100 ml Wasser weich garen, bis die Flüssigkeit eingekocht ist.

2   Das Sojagranulat mit der Brühe in einen Topf geben und offen knapp unter dem Siedepunkt etwa 1 Minute ziehen lassen, dann in eine Schüssel umfüllen. Die gedünsteten Zwiebelwürfel mit Curry, Weißbrotbröseln und Petersilie dazugeben. Zuletzt die Eier unterrühren und die Sojamasse mit Chilisalz würzen.

3   Ein Schneidebrett mit Frischhaltefolie belegen und einen Anrichtering von 9 bis 10 cm Durchmesser daraufsetzen. Ein Viertel der Sojamasse hineinfüllen und gleichmäßig verteilen, sodass ein kompakter Bratling entsteht. Auf diese Weise aus der übrigen Sojamasse 3 weitere Bratlinge formen.

4   Eine große Pfanne bei mittlerer Temperatur erhitzen und das Öl mit einem Pinsel darin verstreichen. Die Bratlinge mithilfe der Folie vorsichtig auf die Hand nehmen, in die Pfanne setzen und darin auf beiden Seiten je etwa 2 ½ Minuten goldbraun braten. Herausnehmen, auf Küchenpapier abtropfen lassen und warm halten.

5   Für den Limettenjoghurt den Joghurt mit der Milch glatt verrühren. Knoblauch, Ingwer und Limettenschale mit Limettensaft unterrühren und die Sauce mit Chilisalz und 1 Prise Zucker würzen.

6   Den Gemüsesalat, wie im Rezept rechts beschrieben, zubereiten.

7   Aus den Toastscheiben mit einem großen runden Ausstecher von 10 bis 12 cm Durchmesser 8 Kreise ausstechen (die Reste anderweitig verwenden) und ohne Fett toasten. Die Hälfte der Scheiben auf vorgewärmte Teller setzen und die Bratlinge darauflegen. Den Gemüsesalat darüber verteilen, den Limettenjoghurt darum herumträufeln und die übrigen Toastbrotscheiben daraufsetzen. Nach Belieben mit Sprossen garnieren.

ALLE-ESSEN-MIT-TIPP

Sie können den Gemüsesalat für 4 Personen und die Bratlinge bzw. Burger in der gewünschten Anzahl zubereiten. Die Saucen passen zu allen Burgern — falls die Zeit knapp ist, reicht es auch, nur eine zuzubereiten.

Classic-Burger
mit BBQ-Sauce und Salat

ZUBEREITUNG

1 Für die Burger das Rinderhackfleisch mit Chilisalz und Pfeffer würzen und alles gut mischen. Aus der Hackmasse mit angefeuchteten Händen 4 große, flache Bratlinge formen.

2 Kurz vor dem Servieren eine Grillpfanne bei mittlerer Temperatur erhitzen und das Öl mit einem Pinsel darin verstreichen. Die Bratlinge darin auf jeder Seite 4 bis 5 Minuten grillen, dabei nach einigen Minuten mit dem Steakgewürz würzen.

3 Für den Salat die Gurken waschen und in 3 bis 4 mm dicke Scheiben schneiden. Die Zwiebel schälen und in 1 cm große Blätter schneiden. Die Paprikaschote längs halbieren, entkernen, waschen und in 1 cm große Würfel schneiden. Die Tomaten waschen und in ½ cm dicke Scheiben schneiden. Die Oliven halbieren.

4 Gurken, Zwiebel, Paprika, Tomaten, Oliven und Kräuter in eine Schüssel geben. Mit Essig, Öl, Chilisalz und etwas Zucker marinieren, einige Minuten ziehen lassen und nach Geschmack etwas nachwürzen.

5 Für die BBQ-Sauce alle Zutaten in einem Topf kurz erwärmen. Nach Belieben warm oder abgekühlt servieren.

6 Zum Servieren die Brötchen waagerecht halbieren und die Schnittflächen in einer Pfanne ohne Fett anrösten. Die Unterseiten der Burger-Brötchen mit jeweils 1 Bratling belegen, den Gemüsesalat darauf verteilen und die BBQ-Sauce darüberträufeln. Die Brötchenoberseiten darauflegen. Die Burger nach Belieben mit kleinen Salatblättern garnieren.

4 PERSONEN

FÜR DIE BURGER

700 g mageres Rinderhackfleisch
(aus der Oberschale)
mildes Chilisalz
Pfeffer aus der Mühle
1 TL Öl zum Braten
1 TL Steakgewürz

FÜR DEN SALAT

2 Snack-Gurken · ½ rote Zwiebel
½ rote Paprikaschote
10 Cocktailtomaten
1 EL Kalamata-Oliven (ohne Stein)
1 TL gemischte Kräuterblätter
(z. B. Dill, Kerbel, Minze, Petersilie;
frisch geschnitten)
1–2 TL Weißweinessig
1 EL mildes Olivenöl
mildes Chilisalz · Zucker

FÜR DIE BBQ-SAUCE

200 g Tomatenketchup
1 EL Steak- und Grillgewürz
(mit Rauchnote)
2 EL Espresso · 1 EL Whiskey
1 EL Ahornsirup · 1 TL Dijon-Senf
1 fein geriebene Knoblauchzehe
½ TL fein geriebener Ingwer

AUSSERDEM

4 Burger-Brötchen

VEGGIE-BURGER
mit Limettenjoghurt und Salat

CLASSIC-BURGER
mit BBQ-Sauce und Salat

Spaghetti
mit Gemüsebolognese

4 PERSONEN

FÜR DIE BOLOGNESE

1 kleine Zwiebel · 1 Karotte
1 rote Paprikaschote
½ kleine Fenchelknolle
2 Stangen Staudensellerie
¼ Zucchini (ca. 70 g)
4 Frühlingszwiebeln
1 TL Puderzucker
1 EL Tomatenmark
½ l Gemüsebrühe
150 g passierte Tomaten
(aus der Dose)
50 g feines Sojagranulat
1 Lorbeerblatt
je ¼ TL getr. Oregano, Rosmarin,
Thymian und Bohnenkraut
2 fein geriebene Knoblauchzehen
½ TL fein geriebener Ingwer
½ –1 TL abgeriebene unbehandelte
Zitronenschale
1 Msp. abgeriebene unbehandelte
Orangenschale
mildes Chilisalz
Pfeffer aus der Mühle

FÜR DIE NUDELN

400 g Spaghetti · Salz
3 Scheiben Ingwer
300 ml Gemüsebrühe
1 EL kalte Butter

AUSSERDEM

4 EL Parmesanspäne

ZUBEREITUNG

1   Für die Bolognese Zwiebel und Karotte putzen, schälen und in 2 mm große Würfel schneiden. Die Paprikaschote längs vierteln, entkernen und waschen, die Viertel mit dem Sparschäler schälen und in kleine Würfel schneiden. Den Fenchel putzen, waschen und samt Strunk in 2 mm große Würfel schneiden. Staudensellerie und Zucchini putzen, waschen und in 2 mm große Würfel schneiden. Frühlingszwiebeln putzen, waschen und samt dem Grün in dünne Ringe schneiden.

2   Den Puderzucker in einer großen tiefen Pfanne oder einem Topf bei mittlerer Hitze karamellisieren. Zwiebel, Karotte, Paprika, Fenchel und Staudensellerie darin andünsten. Das Tomatenmark dazugeben und kurz mitrösten. Die Brühe dazugießen, die passierten Tomaten hinzufügen und das Sojagranulat einstreuen. Alles mit einem Blatt Backpapier bedecken und knapp unter dem Siedepunkt etwa 30 Minuten garen.

3   Nach 15 Minuten Garzeit das Lorbeerblatt hinzufügen. Zuletzt die Zucchiniwürfel und Frühlingszwiebeln unterrühren. Kräuter, Knoblauch, Ingwer, Zitronen- und Orangenschale hinzufügen und alles noch einige Minuten ziehen lassen. Die Sauce mit Chilisalz und Pfeffer würzen und nach Belieben etwas kalte Butter hinzufügen.

4   Für die Nudeln die Spaghetti in reichlich kochendem Salzwasser mit dem Ingwer, 3 Minuten kürzer als auf der Packung angegeben, garen. In ein Sieb abgießen und abtropfen lassen, den Ingwer wieder entfernen.

5   Zum Servieren die Brühe in einer tiefen Pfanne erhitzen. Die vorgegarten Spaghetti dazugeben und etwa 2 Minuten garen, bis sie fast die gesamte Flüssigkeit aufgenommen haben. Zuletzt die kalte Butter unterrühren.

6   Die Spaghetti auf vorgewärmte Pastateller verteilen und die Gemüsebolognese darauf anrichten. Mit Parmesanspänen bestreut servieren.

ALLE-ESSEN-MIT-TIPP

Spaghetti mögen alle – umso besser, wenn man die Bolognese dazu sowohl in der Veggie- als auch in der Hackvariante anbieten kann. Hier empfiehlt es sich, beide Bolognese-Varianten für 4 Personen zuzubereiten und jeweils die Reste einzufrieren. Beginnen Sie dabei am besten mit der Hackfleischbolognese, da sie länger garen muss.

Spaghetti
mit Sauce bolognese

ZUBEREITUNG

1 Für die Bolognese Zwiebel schälen, die Karotte putzen und schälen, den Staudensellerie putzen und waschen. Das Gemüse in 2 mm große Würfel schneiden. Das Fleisch von Fett und Sehnen befreien und in 1 cm große Würfel schneiden.

2 Den Puderzucker in einem Topf bei mittlerer Hitze hell karamellisieren und die Gemüsewürfel darin etwas andünsten. Das Tomatenmark dazugeben und kurz mitrösten. Den Wein dazugießen und die Flüssigkeit sämig einköcheln lassen.

3 Die Brühe und die passierten Tomaten hinzufügen und alles erhitzen, dann die Fleischwürfel dazugeben. Alles mit einem Blatt Backpapier bedecken und knapp unter dem Siedepunkt etwa 2 Stunden mehr ziehen als köcheln lassen, bis das Fleisch weich ist.

4 Das Lorbeerblatt 15 Minuten vor Ende der Garzeit hinzufügen. Zuletzt Kräuter, Knoblauch, Ingwer und Zitronenschale unterrühren, einige Minuten ziehen lassen und die Sauce mit Chilisalz und Pfeffer würzen.

5 Für die Nudeln die Spaghetti, wie im Rezept links beschrieben, zubereiten.

6 Zum Servieren die Spaghetti auf vorgewärmte Pastateller verteilen und die Sauce bolognese darauf verteilen. Mit Parmesan bestreut servieren.

4 PERSONEN

FÜR DIE BOLOGNESE

1 Zwiebel · 1 kleine Karotte
1 Stange Staudensellerie
500 g Rindfleisch (aus der Schulter; ersatzweise Rinderhackfleisch)
1 TL Puderzucker
2 EL Tomatenmark
150 ml kräftiger Rotwein
150 g passierte Tomaten
(aus der Dose)
½ l Hühner- oder Gemüsebrühe
1 Lorbeerblatt
je ¼ TL getr. Oregano, Rosmarin, Thymian und Bohnenkraut
2 fein geriebene Knoblauchzehen
½ TL fein geriebener Ingwer
½ – 1 TL abgeriebene unbehandelte Zitronenschale
mildes Chilisalz
Pfeffer aus der Mühle

FÜR DIE NUDELN

siehe Rezept linke Seite

AUSSERDEM

4 EL Parmesanspäne

Kohlrabi-Lasagne
mit Spinat und Pilzen

4 PERSONEN

FÜR DIE FÜLLUNG

250 g Blattspinat · Salz
300 g Kohlrabi (ca. 2 Stück)
50 ml Gemüsebrühe
125 g Pilze (z. B. Champignons,
Egerlinge, Pfifferlinge, Shitake-Pilze
oder Steinpilze)

FÜR DIE BÉCHAMEL-SAUCE

30 g Butter · 30 g Mehl
200 ml kalte Gemüsebrühe
200 ml kalte Milch
½ kleine Zwiebel
1 Lorbeerblatt
2 Gewürznelken
1 Zweig Thymian
1 Knoblauchzehe (halbiert)
mildes Chilisalz
1 TL Räucherpaprika
(Pimentón de la Vera picante)
frisch geriebene Muskatnuss

AUSSERDEM

6 Lasagneblätter · Salz
Olivenöl für die Lasagneblätter
Butter für die Form
50 g Sahne
60 g geriebener Emmentaler

ZUBEREITUNG

1 Für die Füllung die Spinatblätter verlesen, waschen und grobe Stiele entfernen. In kochendem Salzwasser 1 Minute blanchieren, in ein Sieb abgießen, kalt abschrecken und abtropfen lassen. Den Spinat mit den Händen gut ausdrücken und die Blätter etwas auflockern.

2 Den Kohlrabi schälen, vierteln und die Viertel in 3 bis 4 mm dicke Scheiben schneiden. Mit der Brühe in einen Topf geben, mit einem Blatt Backpapier bedecken und knapp unter dem Siedepunkt 8 bis 10 Minuten bissfest garen. Die Brühe soll dabei fast vollständig einkochen.

3 Die Pilze putzen und trocken abreiben, dann je nach Größe in etwa ½ cm dicke Scheiben schneiden oder nach Belieben vierteln. Pfifferlinge gründlich putzen und, falls nötig, waschen und trocken tupfen, kleine Pfifferlinge im Ganzen belassen.

4 Inzwischen für die Béchamelsauce die Butter in einem großen Topf zerlassen und das Mehl darin einige Minuten unter Rühren andünsten. Die kalte Brühe und Milch unter Rühren dazugießen.

5 Die Zwiebel schälen, das Lorbeerblatt mit den Gewürznelken auf der Zwiebelhälfte feststecken. Die gespickte Zwiebel mit Thymianzweig und Knoblauch in die Sauce geben. Alles unter Rühren langsam aufkochen und bei milder Hitze 10 bis 15 Minuten köcheln lassen. Dann Zwiebel, Thymian und Knoblauch wieder entfernen und die Béchamelsauce mit Chilisalz, Räucherpaprika und Muskatnuss würzen.

6 Den Backofen auf 175 °C vorheizen. Eine rechteckige Auflaufform (etwa 20 x 30 cm) mit Butter fetten. Die Lasagneblätter in Salzwasser etwa 5 Minuten garen, herausnehmen, etwas ausdampfen lassen und mit Olivenöl bestreichen.

7 Ein Viertel der Béchamelsauce in der Form gleichmäßig verteilen, 2 Lasagneblätter darauflegen und mit einem Drittel der übrigen Béchamelsauce bestreichen. Zuerst die Hälfte der Spinatblätter, dann die Hälfte des Kohlrabis und der Pilze darauf verteilen. Mit 2 Lasagneblättern belegen, die Hälfte der restlichen Béchamelsauce sowie restlichen Spinat, Kohlrabi und Pilze darauf verteilen. Zuletzt mit den 2 übrigen Lasagneplatten abschließen.

8 Restliche Béchamelsauce mit Sahne und Emmentaler verrühren und die Lasagne damit bestreichen. Die Lasagne im Ofen auf der mittleren Schiene etwa 45 Minuten goldbraun backen. Herausnehmen und vor dem Servieren kurz abkühlen lassen.

ALLE-ESSEN-MIT-TIPP

Die Béchamelsauce für 4 Personen kochen, dann in zwei kleinen Auflaufformen jeweils die Hälfte der beiden Füllungen mit 3 Lasagneblättern einschichten – so wird jeder satt!

Klassische Lasagne
mit Fleischragout und Spinat

ZUBEREITUNG

1 Für das Ragout die Zwiebel schälen, die Karotte putzen und schälen, den Sellerie putzen und waschen. Das Gemüse in sehr feine Würfel schneiden.

2 Den Puderzucker in einem Topf hell karamellisieren und die Gemüsewürfel darin bei milder Hitze einige Minuten andünsten. Beide Hackfleischsorten dazugeben und unter Rühren so lange krümelig braten, bis es seine rosa Farbe verloren hat. Den Wein dazugießen, das Tomatenmark dazugeben und die Flüssigkeit etwa 10 Minuten einköcheln lassen.

3 Dann die Dosentomaten mit der Brühe hinzufügen, das Ragout mit einem Blatt Backpapier bedecken und knapp unter dem Siedepunkt etwa 1 Stunde mehr ziehen als köcheln lassen, dabei immer wieder umrühren.

4 Nach etwa 30 Minuten Garzeit das Lorbeerblatt hinzufügen. Am Ende der Garzeit Kräuter, Knoblauch, Ingwer und Zitronenschale dazugeben und unterrühren. Das Ragout einige Minuten ziehen lassen, dann mit Chilisalz und Pfeffer würzen.

5 Inzwischen die Béchamelsauce, wie im Rezept links beschrieben, zubereiten.

6 Den Backofen auf 175 °C vorheizen. Eine rechteckige Auflaufform (etwa 20 x 30 cm) mit Butter einfetten. Die Lasagneblätter in Salzwasser etwa 5 Minuten garen, herausnehmen, etwas ausdampfen lassen und mit Olivenöl bestreichen.

7 Die Spinatblätter verlesen, waschen und grobe Stiele entfernen. In kochendem Salzwasser 1 Minute blanchieren, in ein Sieb abgießen, kalt abschrecken und abtropfen lassen. Den Spinat mit den Händen gut ausdrücken und die Blätter etwas auflockern.

8 Ein Viertel der Béchamelsauce in der Form gleichmäßig verteilen, 2 Lasagneblätter darauflegen und mit einem Drittel der übrigen Béchamelsauce bestreichen. Zuerst die Hälfte der Spinatblätter, dann die Hälfte des Fleischragouts darauf verteilen. Mit 2 Lasagneblättern belegen, die Hälfte der restlichen Béchamelsauce, den restlichen Spinat und das übrige Fleischragout darauf verteilen und mit den 2 übrigen Lasagneplatten abschließen.

9 Restliche Béchamelsauce mit der Sahne und dem Emmentaler verrühren und die Lasagne damit bestreichen. Im Ofen auf der mittleren Schiene etwa 45 Minuten goldbraun backen. Herausnehmen und vor dem Servieren kurz abkühlen lassen.

4 PERSONEN

FÜR DAS RAGOUT

½ Zwiebel · ½ Karotte
½ Stange Staudensellerie
½ TL Puderzucker
150 g Rinderhackfleisch
100 g Schweinehackfleisch
(ersatzweise eine andere Hackfleischsorte, z. B. vom Kalb oder Lamm)
50 ml kräftiger Rotwein
1 ½ EL Tomatenmark
350 g stückige Tomaten
(aus der Dose)
125 ml Hühnerbrühe
1 Lorbeerblatt
je 1 Prise getr. Oregano, Rosmarin, Thymian und Bohnenkraut
1 fein geriebene Knoblauchzehe
¼ TL fein geriebener Ingwer
½ TL abgeriebene unbehandelte Zitronenschale
mildes Chilisalz
Pfeffer aus der Mühle

FÜR DIE BÉCHAMEL-SAUCE

siehe Rezept linke Seite

AUSSERDEM

Butter für die Form
6 Lasagneblätter · Salz
Olivenöl für die Lasagneblätter
100 g Blattspinat · 50 g Sahne
60 g geriebener Emmentaler

Zucchinirouladen
auf Kartoffel-Curry-Sauce

4 PERSONEN

FÜR DIE SAUCE

1 kleine vorwiegend festkochende
Kartoffel (50 g; geschält)
150 ml Gemüsebrühe
1 kleine getr. rote Chilischote
1 Knoblauchzehe (in Scheiben)
100 g Sahne
½ –1 TL mildes Currypulver
1 EL kalte Butter
mildes Chilisalz

FÜR DIE ROULADEN

3–4 Zucchini (à ca. 250 g)
Salz
500 g Babyspinat
2 Schalotten
80 g getr. Tomaten (in Öl)
80 g Feta (Schafskäse; zerbröckelt)
4 EL geriebener Parmesan
2 EL geröstete gemahlene Haselnusskerne
2 fein gehackte Knoblauchzehen
1 TL fein gehackter Ingwer
mildes Chilisalz
frisch geriebene Muskatnuss

ZUBEREITUNG

1   Für die Kartoffelsauce die geschälte Kartoffel in 1 cm große Würfel schneiden und in einem kleinen Topf in der Brühe mit Chilischote und Knoblauch zugedeckt etwa 20 Minuten weich garen. Die Chilischote wieder entfernen. Die gekochten Kartoffelwürfel mit 100 ml Kartoffelbrühe und Knoblauch in einen hohen Rührbecher geben. Sahne, Curry und kalte Butter dazugeben und alles mit dem Stabmixer zu einer sämigen Sauce pürieren. Mit Chilisalz würzen.

2   Für die Rouladen die Zucchini putzen, waschen und längs in etwa 2 mm dünne Scheiben schneiden. In kochendem Salzwasser 20 Sekunden blanchieren, mit dem Schaumlöffel herausnehmen, kalt abschrecken und abtropfen lassen.

3   Je etwa 5 Zucchinischeiben nebeneinander auf ein sauberes Küchentuch legen, sodass acht Felder à 10 bis 12 cm Breite entstehen (dabei die Zucchinischeiben an den Längsseiten etwa 1 cm überlappen lassen, damit die Rouladen nicht auseinanderfallen).

4   Den Backofen auf 150 °C vorheizen. Für die Füllung den Spinat verlesen, waschen und trocken schleudern. Die Schalotten schälen und in feine Würfel schneiden. Die getrockneten Tomaten abtropfen lassen und in kleine Würfel schneiden. Eine tiefe Pfanne ohne Fett bei mittlerer Temperatur erhitzen und die Schalottenwürfel darin erhitzen. Spinatblätter dazugeben und kurz zusammenfallen lassen.

5   Die Pfanne vom Herd nehmen und Tomatenwürfel, Feta, Parmesan, Haselnüsse, Knoblauch und Ingwer untermischen. Die Mischung mit etwas Chilisalz und Muskatnuss würzen und auf den Zucchinischeiben verteilen. Jede Zucchinilage mithilfe des Küchentuchs zu einer Roulade aufrollen und auf der Naht vorsichtig in die Auflaufform setzen. Die Zucchinirouladen im Ofen auf der mittleren Schiene 15 bis 20 Minuten garen. Herausnehmen und sofort servieren.

6   Zum Servieren die Kartoffelsauce auf vorgewärmte Teller verteilen und jeweils 2 Zucchinirouladen daraufsetzen. Nach Belieben mit essbaren Blüten und Kräuterblättern garnieren.

ALLE-ESSEN-MIT-TIPP

Um gleichzeitig für Vegetarier und Fleischfans zu kochen, können Sie auch die Zucchinirouladen mit dem Kartoffelpüree servieren. Oder für alle die Zucchinirouladen zubereiten und einen Teil der Füllung mit Kochschinkenwürfeln mischen.

Rindsrouladen
mit Kartoffelpüree

ZUBEREITUNG

1   Für die Rouladen Zwiebel, Karotte und Sellerie schälen und getrennt klein würfeln. Gurken und Speck ebenfalls klein würfeln. Speckwürfel in einer Pfanne ohne Fett bei mittlerer Hitze anbraten. Zwiebel hinzufügen und kurz mitdünsten. Karotte und Sellerie dazugeben, kurz mitdünsten, dann alles in ein Sieb abgießen und abkühlen lassen. Trockenpilze in einem Topf mit Wasser aufkochen, vom Herd nehmen und 10 bis 15 Minuten ziehen lassen. In ein Sieb abgießen, gut abtropfen lassen und abkühlen lassen und klein schneiden.

2   Das Kalbsbrät mit Sahne glatt verrühren und 1 TL Senf, Speckmischung, Pilze und Gurken unterrühren. Mit Zitronenschale, Petersilie und Chilisalz würzen. Das Rindfleisch zwischen zwei Lagen geölter Frischhaltefolie etwas flacher klopfen. Mit dem übrigen Senf dünn bestreichen und mit Chilisalz würzen. Die Brätmasse auf den Rouladen verstreichen, dabei rundherum einen Rand von 1 bis 1½ cm frei lassen. Die langen Seitenränder etwas nach innen einschlagen, das Fleisch von der schmalen Seite her aufrollen und die Rouladen mit Nadeln feststecken.

3   Für die Sauce Zwiebel, Sellerie und Karotte putzen, schälen und in ½ cm große Würfel schneiden. Puderzucker in einem Bräter hell karamellisieren, das Gemüse darin etwas andünsten. Das Tomatenmark dazugeben und kurz mitrösten. Wein dazugießen und sämig einköcheln lassen. Brühe angießen, Rouladen hineinlegen, mit einem Blatt Backpapier bedecken und alles knapp unter dem Siedepunkt 2 bis 2½ Stunden weich schmoren. 10 Minuten vor Garzeitende Lorbeer, Sternanis, Knoblauch, Ingwer und Zitrusschale einige Minuten in der Sauce ziehen lassen, danach wieder entfernen. Die Rouladen herausnehmen, die Nadeln entfernen.

4   Die Sauce durch ein Sieb in einen Topf gießen, das Gemüse etwas durchdrücken und entfernen. Nach Belieben die Speisestärke in wenig kaltem Wasser glatt rühren, nach und nach in die Sauce geben und köcheln lassen, bis diese sämig bindet. Die kalte Butter unterrühren und die Sauce mit Chilisalz würzen. Die Rouladen nochmals darin erwärmen.

5   Für das Püree die Kartoffeln waschen und mit Schale in Salzwasser weich garen. Abgießen, kurz ausdampfen lassen, noch heiß pellen und durch die Kartoffelpresse drücken. Die Milch erhitzen und mit einem Kochlöffel unter die Kartoffeln rühren, die Butter und die braune Butter untermischen. Mit Salz und Muskatnuss würzen.

6   Zum Servieren das Kartoffelpüree auf vorgewärmte Teller verteilen und die Saucen danebengießen. Die Rouladen in Scheiben schneiden und darauflegen.

4 PERSONEN

FÜR DIE ROULADEN

½ kleine Zwiebel
je ½ orange und gelbe Karotte
(oder 1 orange Karotte)
50 g Knollensellerie
100 g Essiggurken
100 g durchwachsener Räucherspeck · 1 EL getr. Trompetenpilze
150 g Kalbsbrät · 2 EL Sahne
3–4 TL scharfer Senf
1 Msp. abgeriebene unbehandelte Zitronenschale
1 EL Petersilienblätter (frisch geschnitten) · mildes Chilisalz
4 Rinderrouladen (à ca. 160 g; aus der Keule) · Öl für die Folie
Rouladennadeln zum Fixieren

FÜR DIE SAUCE

1 Zwiebel · 120 g Knollensellerie
1 Karotte · 1 TL Puderzucker
1 EL Tomatenmark
150 ml kräftiger Rotwein
½ l Hühnerbrühe · 1 Lorbeerblatt
1 Zacken Sternanis
1 Knoblauchzehe (in Scheiben)
2 Scheiben Ingwer
1 Streifen unbehandelte Zitronen- oder Orangenschale
2 TL Speisestärke
1–2 EL kalte Butter
mildes Chilisalz

FÜR DAS PÜREE

1 kg mehligkochende Kartoffeln
Salz · ¼ l Milch · 1 EL Butter
2 EL braune Butter
(siehe Tipp Seite 28)
frisch geriebene Muskatnuss

ZUCCHINIROULADEN
auf Kartoffel-Curry-Sauce

RINDSROULADEN
mit Kartoffelpüree

Kartoffelgulasch
mit Paprika und Tomaten

4 PERSONEN

FÜR DAS GULASCH

800 g vorwiegend festkochende
Kartoffeln · Salz
1 Lorbeerblatt
1 kleine getr. rote Chilischote
½ TL gemahlene Kurkuma
1 Zwiebel
je 1 rote, gelbe und orange
Paprikaschote (à ca. 200 g)
2 EL Tomatenmark
100 g passierte Tomaten
(aus der Dose)
600 ml Gemüsebrühe

FÜR DAS GULASCH-GEWÜRZ

siehe Rezept rechte Seite,
plus zusätzlich:
½ TL Räucherpaprika
(Pimentón de la Vera picante)
½ TL fein geriebener Ingwer

AUSSERDEM

mildes Chilisalz
Pfeffer aus der Mühle
150 g Romanesco
4 grüne Spargelstangen
Salz
50 ml Gemüsebrühe
1 EL kalte Butter
mildes Chilisalz
1–2 TL Öl

ZUBEREITUNG

1   Für das Gulasch die Kartoffeln schälen, waschen, in etwa 2 ½ cm große Würfel schneiden und in einem Topf in Salzwasser mit Lorbeer, Chili und Kurkuma 20 bis 30 Minuten weich garen. In ein Sieb abgießen und gut abtropfen lassen, die ganzen Gewürze wieder entfernen.

2   Für die Sauce die Zwiebel schälen und in etwa 2 cm große Rauten schneiden. Die Paprikaschoten längs halbieren, entkernen und waschen. Die Paprikahälften mit dem Sparschäler schälen und in Rauten schneiden.

3   Einen Topf ohne Fett bei milder Temperatur erhitzen und die Zwiebel- und Paprikarauten darin etwas andünsten. Das Tomatenmark und die passierten Tomaten unterrühren und die Brühe dazugießen. Alles mit einem Blatt Backpapier bedecken und knapp unter dem Siedepunkt etwa 20 Minuten weich garen.

4   Inzwischen für das Gulaschgewürz beide Paprikasorten mit wenig Wasser glatt verrühren und Knoblauch, Zitronenschale, Kümmel, Majoran und Ingwer hinzufügen. Das Gulasch mit drei Vierteln des Gulaschgewürzes abschmecken, einige Minuten ziehen lassen und mit Chilisalz und Pfeffer würzen. Nach Belieben mit dem restlichen Gulaschgewürz abschmecken.

5   Den Romanesco putzen, waschen und in kleine Röschen teilen. Den Spargel waschen, im unteren Drittel schälen, holzige Enden entfernen und die Stangen schräg in 3 bis 4 Stücke schneiden. Beides in Salzwasser einige Minuten fast weich garen, in ein Sieb abgießen, kalt abschrecken und abtropfen lassen. Das Gemüse mit der Brühe in einer Pfanne erhitzen, die kalte Butter dazugeben und alles mit Chilisalz würzen.

6   Eine große Pfanne erhitzen, das Öl mit einem Pinsel darin verteilen und die Kartoffelwürfel darin auf den Punkt braten. Anschließend sofort servieren.

7   Zum Servieren das Paprikagulasch auf vorgewärmte tiefe Teller verteilen, die Kartoffelwürfel darauf anrichten (alternativ Gulasch mit Kartoffelwürfeln verrühren) und alles mit Romanesco und Spargel garnieren.

ALLE-ESSEN-MIT-TIPP

Aus dem Kartoffelgulasch können Sie im Handumdrehen ein Kartoffel-Würstel-Gulasch und damit auch einen Leckerbissen für Fleischliebhaber zubereiten. Dazu am Ende der Garzeit in Scheiben geschnittene Wiener Würstchen, Debrecziner oder andere Wurstsorten unter das Paprikagulasch rühren und darin nur noch einmal kurz erhitzen. Raffiniert schmeckt auch ausgelassener Räucherspeck oder Kassler.

Rindergulasch
mit Kräuternudeln

ZUBEREITUNG

1 Für das Gulasch das Rindfleisch von Fett und groben Sehnen befreien und in 3 bis 4 cm große Würfel schneiden. Die Zwiebeln schälen, halbieren und quer in Streifen schneiden.

2 Einen großen Bräter ohne Fett bei milder Temperatur erhitzen und die Zwiebelstreifen darin einige Minuten hell andünsten. Das Tomatenmark dazugeben und kurz mitrösten, dann die passierten Tomaten hinzufügen. Das Fleisch dazugeben und die Brühe dazugießen (das Fleisch sollte vollständig mit Flüssigkeit bedeckt sein, falls nötig, noch mehr Brühe dazugießen). Alles mit einem Blatt Backpapier bedecken und das Gulasch knapp unter dem Siedepunkt 3½ Stunden schmoren, aber nicht kochen.

3 Inzwischen das Gulaschgewürz, wie im Rezept links beschrieben, herstellen, dabei nur edelsüßes Paprikapulver verwenden und den Ingwer weglassen.

4 Am Ende der Garzeit das Gulaschgewürz in das Gulasch rühren, 5 bis 10 Minuten ziehen lassen und das Gulasch mit Chilisalz würzen.

5 Für die Kräuternudeln die Nudeln in reichlich kochendem Salzwasser, 2 Minuten kürzer als auf der Packung angegeben, garen. In ein Sieb abgießen und abtropfen lassen. Zum Servieren die Brühe mit dem Ingwer in einer tiefen Pfanne erhitzen. Die vorgegarten Nudeln dazugeben und etwa 2 Minuten garen, bis sie fast die gesamte Flüssigkeit aufgenommen haben. Zuletzt Kräuter und Butter unterrühren und die Nudeln nach Belieben mit Chilisalz würzen.

6 Für die Wachteleier eine Pfanne bei milder Temperatur erhitzen, die braune Butter mit einem Pinsel darin verstreichen und etwas mit Salz würzen. Die Wachteleier mit einem Sägemesser anritzen, in die Pfanne schlagen und darin 2 bis 3 Minuten zu Spiegeleiern stocken lassen.

7 Zum Servieren die Kräuternudeln auf vorgewärmte tiefe Teller verteilen, das Rindergulasch daneben anrichten und je 1 Wachtelspiegelei daraufsetzen.

4 PERSONEN

FÜR DAS GULASCH

1 kg Rindfleisch
(aus Wade oder Schulter)
750 g Zwiebeln
2 EL Tomatenmark
200 g passierte Tomaten
(aus der Dose)
1 l Hühnerbrühe · mildes Chilisalz

FÜR DAS GULASCH-GEWÜRZ

2 TL Paprikapulver (edelsüß)
2 fein geriebene Knoblauchzehen
1 TL gemahlener Kümmel
1 TL getr. Majoran
½ –1 TL abgeriebene unbehandelte Zitronenschale

FÜR DIE NUDELN

200 g Bandnudeln · Salz
3 Scheiben Ingwer
80 ml Hühnerbrühe
1 EL gemischte Kräuterblätter
(z. B. Basilikum, Dill, Petersilie; frisch geschnitten)
1 EL kalte Butter

FÜR DIE WACHTELEIER

1 TL braune Butter
(siehe Tipp Seite 28)
Salz · 4 Wachteleier

Sellerierostbraten
mit Karottenpüree und Gemüse

4 PERSONEN

FÜR DIE KRÄUTER-GRATINIERMASSE

125 g weiche Butter
1–2 TL scharfer Senf
je 1 EL Rosmarinnadeln und Petersilienblätter (frisch geschnitten)
1 TL geriebener Parmesan
1 fein geriebene Knoblauchzehe
30 g Weißbrotbrösel
(oder 60 g frische Toastbrotbrösel)
Salz · Pfeffer aus der Mühle

FÜR DAS PÜREE

250 g Karotten
1 Apfelspalte
70 ml Gemüsebrühe
1 Knoblauchzehe (in Scheiben)
1 Scheibe Ingwer
30 g kalte Butter
1 TL braune Butter
(siehe Tipp Seite 28)
½ TL mildes Currypulver
mildes Chilisalz
Pfeffer aus der Mühle
frisch geriebene Muskatnuss

FÜR DEN ROSTBRATEN

etwas Öl für das Backblech
4 große Scheiben Knollensellerie
(ca. 1,5 cm dick; aus ½ Knolle)
Salz

FÜR DAS GEMÜSE

siehe Rezept rechte Seite

ZUBEREITUNG

1 Für die Gratiniermasse die weiche Butter schaumig rühren. Senf, Rosmarin, Petesilie, Parmesan, Knoblauch und Weißbrotbrösel unterrühren und alles mit Salz und Pfeffer würzen. Die Masse mithilfe von Backpapier zu einer Rolle von etwa 3 cm Durchmesser formen und ½ bis 1 Stunde kühl stellen.

2 Für das Püree die Karotten putzen, schälen und in ½ bis 1 cm dicke Scheiben schneiden. Die Apfelspalte entkernen und schälen. Die Karotten mit Apfelspalte, Brühe, Knoblauch und Ingwer in einen Topf geben, mit einem Blatt Backpapier bedecken und alles knapp unter dem Siedepunkt etwa 20 Minuten weich dünsten.

3 Die Karotten in ein Sieb abgießen, dabei den Garsud auffangen. Dann die Karotten im Blitzhacker oder in einem hohen Rührbecher mit dem Stabmixer cremig pürieren, dabei nur so viel Garsud wie nötig hinzufügen. Die kalte und die braune Butter mit dem Curry unterrühren und das Karottenpüree mit Chilisalz, Pfeffer und Muskatnuss würzen.

4 Für den Rostbraten den Backofengrill vorheizen. Ein Backblech mit etwas Öl fetten. Die Sellerieschscheiben schälen und in Salzwasser 10 bis 15 Minuten fast weich garen. Herausnehmen, auf Küchenpapier abtropfen lassen und nebeneinander auf das Backblech legen.

5 Je 1 geh. EL Karottenpüree auf jede Sellerieschscheibe streichen. Die gekühlte Gratiniermasse in dünne Scheiben schneiden und jeweils mehrere Scheiben überlappend auf das Karottenpüree legen. Den Sellerierostbraten unter dem Backofengrill auf der mittleren Schiene etwa 4 Minuten goldbraun überbacken.

6 Das Gemüse, wie im Rezept rechts beschrieben, zubereiten.

7 Zum Servieren den Sellerierostbraten aus dem Ofen nehmen und auf vorgewärmte Teller setzen. Das Gemüse darum herumverteilen und nach Belieben mit gemischten Kräuterblättern garnieren.

ALLE-ESSEN-MIT-TIPP

Hier können Sie die Gratiniermasse und das Gemüse gleich für 4 hungrige Esser zubereiten. Je nach Wunsch vorbereitete Sellerieschscheiben und Rindfleischscheiben gemeinsam im Ofen überbacken. Um Zeit zu sparen, nur das Karottenpüree zubereiten — es schmeckt auch zum Rinderrostbraten.

Rinderrostbraten
mit Selleriepüree und Gemüse

ZUBEREITUNG

1 Die Gratiniermasse, wie im Rezept links beschrieben, zubereiten.

2 Für das Püree den Sellerie schälen und in 1 cm große Würfel schneiden. Die Brühe mit dem Sellerie in einem Topf erhitzen, mit einem Blatt Backpapier bedecken und zugedeckt knapp unter dem Siedepunkt etwa 20 Minuten weich dünsten.

3 Den Sellerie in ein Sieb abgießen, dabei den Garsud auffangen. Den Sellerie im Küchenmixer oder in einem hohen Rührbecher mit dem Stabmixer cremig pürieren, dabei nur so viel Garsud wie nötig hinzufügen. Die kalte und die braune Butter unterrühren und das Selleriepüree mit Chilisalz, Pfeffer und Muskatnuss würzen.

4 Für den Rostbraten den Backofengrill vorheizen. Die Rinderlendenscheiben mit dem Handballen etwas flach drücken. Eine Pfanne erhitzen, das Öl mit einem Pinsel darin verstreichen und das Fleisch bei mittlerer Hitze auf beiden Seiten etwa 2 ½ Minuten braten. Herausnehmen, auf Küchenpapier abtropfen lassen und mit Salz und Pfeffer würzen. Dann auf ein Backblech legen.

5 Jeweils 1 EL Selleriepüree auf jede Rinderlendenscheibe streichen. Die gekühlte Gratiniermasse in dünne Scheiben schneiden und jeweils mehrere Scheiben überlappend auf das Selleriepüree legen. Die Lendenscheiben unter dem Backofengrill auf der mittleren Schiene etwa 4 Minuten goldbraun überbacken.

6 Für das Gemüse die Zuckerschoten putzen, waschen und große Exemplare halbieren. Den Brokkoli putzen, waschen und in Röschen teilen. Den Spargel waschen, im unteren Dritten schälen und holzige Enden entfernen, die Stangen schräg dritteln, dabei vorher dickere Stangen längs halbieren. Zuckerschoten, Brokkoli und Spargel nacheinander in kochendem Salzwasser bissfest garen. Aus dem Wasser heben, kalt abschrecken und in einem Sieb abtropfen lassen.

7 Zum Servieren die Brühe mit Knoblauch, Ingwer und Zitronenschale in eine Pfanne geben und das vorgegarte Gemüse darin erhitzen, die kalte Butter hinzufügen und alles mit Chilisalz würzen. Das Gemüse auf vorgewärmte Teller verteilen, den Braten danebensetzen und nach Belieben mit gemischten Kräuterblättern garnieren.

PRAXISTIPP

Für eine Bratensauce den Bratsatz mit 100 ml Hühnerbrühe loskochen, 1 TL Steak- und Grillgewürz hinzufügen und alles auf 2 bis 3 EL einkochen lassen. Zum Schluss 2 EL kalte Butter unterrühren.

4 PERSONEN

FÜR DIE KRÄUTER-GRATINIERMASSE
siehe Rezept linke Seite

FÜR DAS PÜREE
250 g Knollensellerie
70 ml Gemüsebrühe
30 g kalte Butter
1 TL braune Butter
(siehe Tipp Seite 28)
mildes Chilisalz
Pfeffer aus der Mühle
frisch geriebene Muskatnuss

FÜR DEN ROSTBRATEN
4 Rinderlendenscheiben
(à ca. 150 g; ersatzweise
Rinderfiletscheiben)
½ TL Öl
Salz · Pfeffer aus der Mühle

FÜR DAS GEMÜSE
100 g kleine Zuckerschoten
250 g Brokkoli
250 g grüner Spargel · Salz
50 ml Gemüsebrühe
1 Knoblauchzehe (in Scheiben)
3 Scheiben Ingwer
1 Streifen unbehandelte
Zitronenschale
1 EL kalte Butter
mildes Chilisalz

SELLERIEROSTBRATEN
mit Karottenpüree und Gemüse

Tomatensteak
mit Süßkartoffel-Pommes und Pesto

4 PERSONEN

FÜR DAS PESTO

100 g Blattspinat · Salz
1 Bund Basilikum
1 kleine Knoblauchzehe
1 EL geriebener Parmesan
1 EL geröstete Pinienkerne
4 EL mildes Olivenöl
4 EL zerlassene braune Butter
(wieder etwas abgekühlt;
siehe Tipp Seite 28)
2 EL Gemüsebrühe
mildes Chilisalz

FÜR DIE POMMES

2 kg Süßkartoffeln
Öl oder Frittierfett zum Ausbacken
mildes Chilisalz

FÜR DEN SALAT

siehe Rezept rechte Seite

FÜR DIE TOMATEN

½ TL Öl
4 dicke Scheiben aus
1 großen Ochsenherztomate
(à ca. 2 cm dick)
100 ml Gemüsebrühe
1 TL Steakgewürz · 2 EL kalte Butter

ZUBEREITUNG

1   Für das Pesto den Spinat verlesen und waschen, dabei grobe Stiele entfernen. In Salzwasser blanchieren, in ein Sieb abgießen, kalt abschrecken und abtropfen lassen. Mit den Händen das übrige Wasser ausdrücken und den Spinat klein hacken.

2   Das Basilikum waschen, trocken tupfen und die Blätter abzupfen. Den Knoblauch schälen und in Scheiben schneiden. Spinat, Basilikum, Knoblauch, Parmesan und Pinienkerne mit Olivenöl, brauner Butter und Brühe in einen hohen Rührbecher geben und mit dem Stabmixer grob pürieren. Mit Chilisalz würzen.

3   Für die Pommes die Süßkartoffeln schälen, waschen, zuerst längs in 1 cm dicke Stäbchen schneiden, dann diese quer halbieren. Das Öl in einem hohen Topf oder einer Fritteuse auf 120 °C erhitzen. Die Kartoffelstäbchen darin wenige Minuten fast farblos vorbacken, herausnehmen und abtropfen lassen. Zum Servieren das Fett auf 160 °C erhitzen und die Süßkartoffelstäbchen darin goldbraun ausbacken. Auf Küchenpapier abtropfen lassen und mit Chilisalz würzen.

4   Den Salat, wie im Rezept rechts beschrieben, zubereiten.

5   Für die Tomaten eine Grillpfanne bei mittlerer Temperatur erhitzen und das Öl mit einem Pinsel darin verstreichen. Die Tomatenscheiben darin auf beiden Seiten je etwa 1 ½ Minuten anbraten, dann aus der Pfanne nehmen. Die Brühe zum Bratsatz gießen und diesen ablösen. Dann das Steakgewürz dazugeben, alles etwa auf ein Drittel einköcheln lassen und die kalte Butter unterrühren. Die Tomatenscheiben in die Gewürzbutter legen und kurz ziehen lassen.

6   Zum Servieren die Gewürzbutter aus der Pfanne auf vorgewärmte Teller verteilen und die Ochsenherztomaten-Scheiben darauflegen. Den Orangen-Fenchel-Salat daneben anrichten, das Pesto darum herumträufeln und die Süßkartoffel-Pommes dazu reichen. Nach Belieben mit Kräuterblättern garnieren.

ALLE-ESSEN-MIT-TIPP

Grillvergnügen hoch zwei: Bereiten Sie die Pommes und den Salat für 4 Personen zu, gegrillt wird jeweils die benötigte Menge an Tomatenscheiben und Grillfleisch. Und wie beim BBQ servieren Sie dazu am besten auch beide Saucen.

Ochsensteak
mit Süßkartoffel-Pommes und Grillsauce

ZUBEREITUNG

1 Für die Grillsauce Ketchup, Räuchersalz, 1 Prise Oregano, Chiliflocken, Kurkuma, Räucherpaprika, Instant-Kaffee, Senf, Knoblauch und Ingwer in einen Topf geben. Mit Pfeffer und Fenchel aus der Mühle etwas würzen und das Ganze erwärmen. Nach Belieben warm oder abgekühlt zum Steak servieren.

2 Die Pommes, wie im Rezept links beschrieben, zubereiten.

3 Für den Salat die Orangen so großzügig schälen, dass auch die weiße Haut mit entfernt wird, und die Filets zwischen den Trennhäuten herausschneiden. Dabei den austretenden Saft auffangen und von den übrig gebliebenen Orangenhäuten den Saft auspressen.

4 Den Fenchel putzen, waschen und fein hobeln, das Fenchelgrün klein schneiden. Dann die Fenchelscheiben mit Orangensaft mischen und mit Orangenschale, etwas Chilisalz und 1 Prise Zucker würzen, das Olivenöl und nach Belieben noch 1 Spritzer Zitronensaft hinzufügen. Orangenfilets und Fenchelgrün untermischen.

5 Für die Ochsensteaks die Steaks mit dem Handballen etwas flach drücken. Eine Pfanne bei mittlerer Temperatur erhitzen, das Öl mit einem Pinsel darin verstreichen und die Steaks etwa 3 Minuten anbraten, bis an der Oberseite Fleischsaftperlen austreten. Das Fleisch wenden und weiterbraten, bis sich erneut Fleischsaftperlen bilden. Die Seitenränder ebenfalls rundherum etwas anbraten. Die Steaks aus der Pfanne nehmen und warm stellen.

6 Die Brühe zum Bratsatz gießen und diesen loskochen. Dann das Steakgewürz dazugeben, alles etwa auf ein Drittel einköcheln lassen und die kalte Butter hineinrühren. Die Steaks darin wenden und bei Bedarf noch etwas nachziehen lassen.

7 Zum Servieren die Ochsensteaks auf vorgewärmte Teller setzen und mit der Gewürzbutter aus der Pfanne beträufeln. Die Süßkartoffel-Pommes, den Fenchel-Orangen-Salat und die Grillsauce daneben anrichten und alles nach Belieben mit Kräuterblättern garnieren.

4 PERSONEN

FÜR DIE GRILLSAUCE

200 g Tomatenketchup
1 TL mildes Räuchersalz
getr. Oregano
¼ TL milde Chiliflocken
½ TL gemahlene Kurkuma
½ TL Räucherpaprika
(Pimentón de la Vera picante)
1 gestr. TL Instant-Kaffeepulver
1 TL Dijon-Senf
1 fein geriebene Knoblauchzehe
½ TL fein geriebener Ingwer
Pfeffer aus der Mühle
Fenchelsamen aus der Mühle

FÜR DIE POMMES

siehe Rezept linke Seite

FÜR DEN SALAT

2 Orangen · 1 große Fenchelknolle
½ TL abgeriebene unbehandelte
Orangenschale
mildes Chilisalz · Zucker
2 EL mildes Olivenöl

FÜR DIE STEAKS

4 Ochsen- oder Rinderfiletsteaks
(à 2–2,5 cm Dicke und ca. 120 g)
½ TL Öl · 100 ml Hühnerbrühe
1 TL Steakgewürz · 2 EL kalte Butter

Curry-Risotto
mit Mango und Pistazien

4 PERSONEN

FÜR DEN RISOTTO

250 g Risottoreis (z. B. Vialone nano,
Arborio oder Carnaroli)
¾ l Gemüsebrühe (bei Bedarf
etwas mehr zum Nachgießen)
½ reife Mango
2 EL Pistazienkerne
1 EL mildes Currypulver
1 fein geriebene Knoblauchzehe
½ TL fein geriebener Ingwer
1 Msp. abgeriebene unbehandelte
Orangenschale
20 g kalte Butter
mildes Chilisalz

FÜR DEN SPARGEL

150 g weißer Spargel (außerhalb der
Saison grüner Spargel)
150 g grüner Spargel
1 TL Puderzucker
50 ml Gemüsebrühe
1 EL kalte Butter · mildes Chilisalz

AUSSERDEM

1 EL geröstete Kokoschips
(Fertigprodukt)

ZUBEREITUNG

1   Für den Risotto Risottoreis und Brühe in einen Topf geben, mit einem Blatt Backpapier bedecken und bis knapp unter dem Siedepunkt erhitzen. Dann den Reis bei milder Hitze 18 bis 20 Minuten garen, bis er die Flüssigkeit gerade aufgenommen hat. Je nach Reissorte nach Bedarf noch etwas mehr Brühe dazugießen.

2   Inzwischen die Mango schälen, das Fruchtfleisch zuerst auf den flachen Seiten vom Stein und dann in ½ cm große Würfel schneiden.

3   Zuerst Pistazien, Currypulver, Knoblauch, Ingwer und Orangenschale unter den Risotto mischen. Dann die Mangowürfel und die kalte Butter in Stücken unter den Risotto rühren, zuletzt mit Chilisalz würzen.

4   Für den Spargel beide Sorten waschen. Die weißen Spargelstangen ganz, die grünen nur im unteren Drittel schälen, die holzigen Enden abschneiden. Die Spargelstangen schräg in etwa ½ cm dicke Stücke schneiden.

5   Den Puderzucker in einer Pfanne bei mittlerer Hitze hell karamellisieren und die Spargelstücke darin kurz andünsten. Die Brühe dazugießen und den Spargel bei milder Hitze 6 bis 8 Minuten bissfest garen. Die Butter unterrühren und den Spargel mit Chilisalz würzen.

6   Zum Servieren den Risotto auf vorgewärmte Teller verteilen und den Spargel daraufsetzen, mit den Kokoschips bestreuen.

TAUSCHTIPP

Das Grundrezept für den Risotto können Sie ganz nach Ihrer Vorliebe mit unterschiedlichsten Gewürzen und Zutaten variieren. Dafür eignen sich beispielsweise Safran, Pesto, orientalische, asiatische oder südamerikanische Gewürze sowie gebratene Pilze oder Kürbis und vieles mehr. Und Sie können ihn zusätzlich noch mit Hähnchenbrustfilet, Fisch und Meeresfrüchten ergänzen.

Schwarzer Risotto
mit Garnelen und Sepiolini

ZUBEREITUNG

1   Für den Risotto Risottoreis und Brühe in einen Topf geben, mit einem Blatt Backpapier bedecken und bis knapp unter dem Siedepunkt erhitzen. Dann den Reis bei milder Hitze 18 bis 20 Minuten garen, bis er die Flüssigkeit gerade aufgenommen hat. Je nach Reissorte nach Bedarf noch etwas mehr Brühe dazugießen.

2   Anschließend die Tintenfischtinte mit Knoblauch und Ingwer zum Risotto geben und unterrühren. Die kalte Butter in Stücken hinzufügen, zuletzt den Risotto mit Chilisalz würzen.

3   Inzwischen für die Meeresfrüchte die Garnelen bis auf den Schwanzfächer schälen, am Rücken entlang nicht zu tief einschneiden und den Darm herausziehen. Die Garnelen waschen und trocken tupfen, danach am dicken Ende etwa 1 cm tief einschneiden. Die Sepiolini waschen und trocken tupfen.

4   Eine große Pfanne bei mittlerer Temperatur erhitzen, das Öl mit einem Pinsel darin verstreichen und die Garnelen auf einer Seite 1 ½ bis 2 Minuten garen. Dann die Garnelen wenden, die Sepiolini hinzufügen und alles noch 1 bis 1 ½ Minuten braten. Dabei die Sepiolini zwischendurch auch einmal wenden.

5   Die Pfanne vom Herd nehmen, Knoblauch, Ingwer, Vanille, Zimt, Zitronen- und Orangenschalenstreifen dazugeben und das Olivenöl hinzufügen. Die Meeresfrüchte mit Chilisalz würzen und im Gewürzöl wenden.

6   Zum Servieren den Risotto auf vorgewärmte Teller verteilen und Garnelen und Tintenfische daraufsetzen.

4 PERSONEN

FÜR DEN RISOTTO

250 g Risottoreis (z. B. Vialone nano, Arborio oder Carnaroli)
¾ l Gemüsebrühe (bei Bedarf etwas mehr zum Nachgießen)
1 Päck. Tintenfischtinte (vom Fischhändler)
1 fein geriebene Knoblauchzehe
½ TL fein geriebener Ingwer
20 g kalte Butter
mildes Chilisalz

FÜR DIE MEERES-FRÜCHTE

8 Riesengarnelen
8 Sepiolini (Mini-Tintenfische; küchenfertig)
½ TL Öl
2 Knoblauchzehen (in Scheiben)
3 Scheiben Ingwer
3 cm Vanilleschote
1 Zimtsplitter
je 2 Streifen unbehandelte Zitronen- und Orangenschale
2 EL mildes Olivenöl
mildes Chilisalz

ALLE-ESSEN-MIT-TIPP

Die Risotto-Basis ist für beide Rezepte die gleiche, für 4 Personen können Sie einfach die Menge nur mit Gemüsebrühe zubereiten. Nach 20 Minuten dann den Risotto in der gewünschten Menge aufteilen und mit den Veggie-Zutaten bzw. Meeresfrüchten fertigstellen.

CURRY-RISOTTO
mit Mango und Pistazien

SCHWARZER RISOTTO
mit Garnelen und Sepiolini

Blumenkohlcurry
mit Kardamomreis und Okra

4 PERSONEN

FÜR DAS CURRY

1 großer Blumenkohl (900 g–1 kg)
Salz · 1 Zwiebel
100 g reifes Mangofruchtfleisch
(geschält)
½ l Gemüsebrühe
150 ml Kokosmilch
1 EL mildes Currypulver
1–2 fein geriebene Knoblauchzehen
1 TL fein geriebener Ingwer
1 TL abgeriebene unbehandelte
Limettenschale
1 EL Speisestärke
mildes Chilisalz

FÜR DEN REIS

siehe Rezept rechte Seite

FÜR DIE OKRA-SCHOTEN

200 g kleine Okraschoten oder
grüner Spargel
1 TL Öl · mildes Chilisalz

ZUBEREITUNG

1 Für das Curry den Blumenkohl putzen, waschen und in kleine Röschen teilen. Den Strunk schälen und in Scheiben schneiden. Die Blumenkohlröschen und -stiele in kochendem Salzwasser bissfest garen. In ein Sieb abgießen, kalt abschrecken und abtropfen lassen.

2 Die Zwiebel schälen und in feine Würfel schneiden. Das Mangofruchtfleisch in kleine Würfel schneiden. Die Zwiebelwürfel in der Brühe knapp unter dem Siedepunkt 5 bis 10 Minuten weich ziehen lassen. Dann Mango, Kokosmilch, Curry, Knoblauch, Ingwer und Limettenschale hinzufügen und alles mit dem Stabmixer fein pürieren. Die Speisestärke mit wenig kaltem Wasser glatt rühren, in die Sauce geben und köcheln lassen, bis diese sämig bindet. Die Sauce mit Chilisalz würzen.

3 Den Reis, wie im Rezept rechts beschrieben, zubereiten.

4 Die Okraschoten putzen, waschen und trocken tupfen. Oder den Spargel waschen, im unteren Drittel schälen und die holzigen Enden entfernen, die Stangen schräg in Stücke schneiden.

5 Eine Pfanne bei mittlerer Temperatur erhitzen, das Öl mit einem Pinsel darin verstreichen und die Okraschoten rundherum anbraten. Herausnehmen, auf Küchenpapier abtropfen lassen und mit Chilisalz würzen.

6 Zum Servieren den gegarten Blumenkohl in der Currysauce erwärmen. Das Blumenkohlcurry auf vorgewärmte Teller verteilen. Den Reis daneben anrichten und mit den Okraschoten oder dem Spargel garnieren. Nach Belieben mit bunten kleinen Salatblättern, Kräutern oder Sprossen dekorieren.

ALLE-ESSEN-MIT-TIPP

Sie können einfach den Kardamomreis und die Okraschoten für 4 Personen zubereiten, allerdings die Curry-Varianten in der Menge, die von Veggie- und Fleischfans gewünscht ist. So wird aus dem Blumenkohlcurry eine Blitzvariante für Fleischliebhaber: 400 g Hähnchenbrustfilet waschen, trocken tupfen und in 1 ½ bis 2 cm große Würfel schneiden. In wenig Öl in einer Pfanne bei milder Hitze etwa 3 Minuten anbraten, die Pfanne vom Herd nehmen und das Fleisch darin saftig durchziehen lassen. Anschließend mit Chilisalz würzen und zum Servieren zwischen die Blumenkohlstücke setzen.

Indisches Lammcurry
mit Kardamomreis und Okra

ZUBEREITUNG

1 Für das Lammcurry das Lammfleisch von Fett und Sehnen befreien und in 3 bis 4 cm große Würfel schneiden. Die Zwiebeln schälen und in feine Würfel schneiden, das Mangofruchtfleisch in kleine Würfel schneiden.

2 Einen großen Topf bei milder Temperatur erhitzen und die Zwiebeln darin ohne Fett einige Minuten andünsten. Die Brühe dazugießen und das Fleisch hinzufügen, mit einem Blatt Backpapier bedecken und knapp unter dem Siedepunkt etwa 2 ½ Stunden schmoren lassen, bis das Fleisch weich ist.

3 Die Fleischstücke vorsichtig in ein Sieb abgießen, dabei den Fond in einem Topf auffangen. Die Fleischstücke herausnehmen und beiseitestellen. Die Zwiebeln mit Kokosmilch, Currypulver und Mango in den Fond geben und alles mit dem Stabmixer fein pürieren. Die Speisestärke mit wenig kaltem Wasser glatt rühren, in die Sauce geben und köcheln lassen, bis diese sämig bindet. Die Fleischstücke hinzufügen und das Curry nach Belieben mit Chilisalz würzen.

4 Inzwischen für den Kardamomreis den Reis in ein Sieb geben und unter fließendem kaltem Wasser waschen, bis das Wasser klar abläuft. Den Reis in einen Topf geben und so viel Wasser dazugießen, dass es fingerbreit über dem Reis steht. Salz, Ingwer, Kardamom und Nelke dazugeben, den Reis aufkochen und zugedeckt bei milder Hitze etwa 15 Minuten quellen lassen. Zum Servieren die ganzen Gewürze wieder entfernen.

5 Die Okraschoten, wie im Rezept links beschrieben, zubereiten.

6 Das Lammcurry auf vorgewärmte tiefe Teller verteilen, den Reis daneben anrichten und mit den Okraschoten garnieren. Nach Belieben mit bunten Kräuterblättern oder Sprossen dekorieren.

4 PERSONEN

FÜR DAS LAMMCURRY

1 kg Lammfleisch
(aus Schulter oder Keule)
3 Zwiebeln
800 ml Hühnerbrühe
200 ml Kokosmilch
1−2 EL mildes Currypulver
100 g reifes Mangofruchtfleisch
(geschält)
1 EL Speisestärke
mildes Chilisalz

FÜR DEN REIS

200 g Langkornreis
Salz
3 Scheiben Ingwer
5−6 grüne Kardamomkapseln
1 Gewürznelke

FÜR DIE OKRA-SCHOTEN

siehe Rezept linke Seite

BLUMENKOHLCURRY
mit Kardamomreis und Okra

INDISCHES LAMMCURRY
mit Kardamomreis und Okra

Gemüsesalat
mit gebratenem Feta

4 PERSONEN

FÜR DEN SALAT

120 ml Gemüsebrühe
3 EL Weißweinessig
1 ½ TL scharfer Senf
3 EL mildes Olivenöl
mildes Chilisalz · Zucker
1 Urkarotte (ersatzweise
gewöhnliche Karotte)
80 g breite Bohnen (Stangenbohnen)
4 Stangen grüner Spargel · Salz
¼ Salatgurke · 1 rote Zwiebel
1 rote Paprikaschote
10 Cocktailtomaten
120 g weiße Bohnen (aus der Dose)
60 g Kalamata-Oliven (ohne Stein)

FÜR DEN FETA

ca. 250 g Weißbrot mit feiner Krume
(2 Tage in Folie gewickelt gelagert)
500 g Feta (Schafskäse) · 1 EL Öl
1 kleine getr. rote Chilischote
1 Lorbeerblatt
2 cm Vanilleschote · 1 Zimtsplitter
3 angedrückte Kardamomkapseln
1 Pflaume · 1 TL Puderzucker
1–2 TL kalte Butter

ZUBEREITUNG

1   Für den Salat den Dampfgarer auf 80 °C vorheizen. Für die Vinaigrette die Brühe mit Essig, Senf und Olivenöl verrühren und mit Chilisalz und 1 Prise Zucker würzen. Die Karotte putzen, schälen, in Scheiben schneiden und im Dampfgarer fast weich garen (alternativ in einem Topf in Salzwasser blanchieren, in ein Sieb abgießen, kalt abschrecken und abtropfen lassen).

2   Die Bohnen putzen, waschen, schräg in 1 ½ cm breite Stücke schneiden und in Salzwasser wenige Minuten fast weich garen. Abgießen, kalt abschrecken und abtropfen lassen. Den grünen Spargel waschen, im unteren Drittel schälen, holzige Enden entfernen und die Stangen schräg in 4 bis 5 Stücke schneiden. Die Spargelstücke ebenfalls in Salzwasser wenige Minuten fast weich garen. Abgießen, kalt abschrecken und abtropfen lassen.

3   Die Gurke schälen und in Scheiben schneiden. Die Zwiebel schälen und in 1 cm große Blätter schneiden. Die Paprikaschote längs halbieren, entkernen, waschen und in 1 bis 2 cm große Rauten schneiden. Die Tomaten waschen und halbieren. Die weißen Bohnen in einem Sieb abbrausen und abtropfen lassen. Gurke, Zwiebel, Paprika, Tomaten, Karotten, beide Bohnensorten, Spargel und Oliven mit der Vinaigrette mischen und mindestens 1 Minute ziehen lassen.

4   Für den Feta das Brot in 24 hauchdünne Scheiben schneiden. Den Feta ebenfalls in 12 etwa 1 cm dicke Scheiben schneiden und jede Fetascheibe zwischen 2 Brotscheiben legen. Eine Pfanne bei milder Temperatur erhitzen und das Öl mit einem Pinsel darin verstreichen. Die Feta-Päckchen darin mit Chili, Lorbeer, Vanille, Zimt und Kardamom bei milder Hitze rundherum braten. Herausnehmen, auf Küchenpapier abtropfen lassen.

5   Die Pflaume waschen, halbieren, entsteinen und in schmale Spalten schneiden. Den Puderzucker in einer Pfanne hell karamellisieren, die Pflaumen darin auf beiden Seiten etwas anbraten. Die kalte Butter hinzufügen und schmelzen lassen.

6   Zum Servieren den Gemüsesalat auf Teller verteilen, die Käsepäckchen daraufsetzen und die Pflaumenspalten danebenlegen. Nach Belieben mit essbaren Blüten und Kräutern garnieren.

ALLE-ESSEN-MIT-TIPP

So können Sie beide Gerichte – Veggie und Non-Veggie – gleichzeitig zubereiten: Den Gemüsesalat für 4 Personen herstellen, die Fetapäckchen und Fisch mit Garnelen und Dip jeweils nur für die gewünschte Personenzahl.

Gemüsesalat
mit gebratenem Zander und Garnelen

ZUBEREITUNG

1   Den Gemüsesalat, wie im Rezept rechts beschrieben, zubereiten.

2   Für den Fisch die Zanderfilets waschen, trocken tupfen und in 4 oder 8 gleich große Stücke schneiden. Die Garnelen bis auf den Schwanzfächer schälen, am Rücken entlang nicht zu tief einschneiden und den Darm herausziehen. Die Garnelen waschen und trocken tupfen.

3   Eine große Pfanne bei mittlerer Temperatur erhitzen und ½ TL Öl mit einem Pinsel darin verstreichen. Die Zanderfilets auf der Hautseite hineinlegen, Chilischote, Lorbeer, Zimt und Bohnenkraut dazugeben und den Fisch 3 bis 4 Minuten kross anbraten.

4   Nach 2 bis 3 Minuten Garzeit die Garnelen hinzufügen und mitbraten. Fisch und Garnelen wenden, die Pfanne vom Herd nehmen und beides in der Nachhitze der Pfanne saftig ziehen lassen. Mit Chilisalz würzen.

5   Für den Dip den Joghurt mit Olivenöl und Fischgewürz verrühren und mit Chilisalz und 1 Prise Zucker würzen.

6   Zum Servieren den Gemüsesalat auf Teller verteilen, Zander und Garnelen daraufsetzen und nach Belieben mit essbaren Blüten und Kräutern garnieren. Den Dip dazu servieren.

4 PERSONEN

FÜR DEN SALAT

siehe Rezept linke Seite

FÜR DEN FISCH

400 g Zanderfilet (ohne Gräten)
8 Riesengarnelen
1 TL Öl
1 kleine getr. rote Chilischote
1 Lorbeerblatt
½ Zimtstange
2 Zweige Bohnenkraut
mildes Chilisalz

FÜR DEN DIP

200 g griech. Joghurt (10 % Fett)
1 EL mildes Olivenöl
2 TL Fisch- oder Steakgewürz
mildes Chilisalz
Zucker

GEMÜSESALAT
mit gebratenem Feta

GEMÜSESALAT
mit gebratenem Zander und Garnelen

Gebackenes Gemüse
im Kichererbsenteig mit Dips

4 PERSONEN

FÜR DEN HARISSADIP

200 g griech. Joghurt (10 % Fett)
1 geh. TL Harissa · mildes Chilisalz

FÜR DIE SAUCE ROUILLE

ca. 8 Safranfäden
1 gegarte und gepellte Mini-Kartoffel
(ca. 25 g)
50 ml Milch · ½ –1 TL Dijon-Senf
½ Knoblauchzehe (in Scheiben)
100 ml neutrales Öl
1 EL mildes Olivenöl
mildes Chilisalz

FÜR DIE CHILISAUCE

2 ½ EL Limettensaft
1 Msp. abgeriebene unbehandelte
Limettenschale
2 EL Sojasauce (ersatzweise Fischsauce) · 1 geh. EL Zucker
1 fein gehackte Knoblauchzehe
1 TL kleine frische rote Chilischote
(entkernt und in kleinen Würfeln)
5 Korianderstiele
je 1 EL kleine Karotten- und Gurkenwürfel (à 2–3 mm)

FÜR DAS GEMÜSE

500 g Gemüse (z. B. Blumenkohl,
breite Bohnen, Ur- und Mini-
Karotten, rote Paprikaschote,
grüner Spargel, Staudensellerie)
Salz · 100 g Champignons

FÜR DEN TEIG

siehe Rezept rechte Seite

ZUBEREITUNG

1   Zuerst die Dips zubereiten. Für den Harissadip den Joghurt mit Harissa verrühren und mit Chilisalz würzen.

2   Für die Sauce Rouille den Safran in 2 EL heißem Wasser 5 bis 10 Minuten einweichen. Die Kartoffel in kleine Würfel schneiden und mit Milch, Senf und Knoblauch
in einen hohen Rührbecher geben. Den eingeweichten Safran hinzufügen und alles
mit dem Stabmixer fein pürieren. Das Öl und das Olivenöl in einem dünnen Strahl
einlaufen lassen und dabei mit dem Stabmixer rühren, bis eine cremige Konsistenz
entstanden ist. Die Sauce mit Chilisalz würzen.

3   Für die Chilisauce 4 EL Wasser, Limettensaft und -schale, Sojasauce, Zucker,
Knoblauch und Chili verrühren. Den Koriander waschen, trocken schütteln und die
Blätter mit den Stielen fein hacken. Karotten- und Gurkenwürfel sowie Koriander in
die Sauce rühren.

4   Das Gemüse putzen, waschen und in mundgerechte Stücke schneiden. Jedes
Gemüse separat in Salzwasser bissfest garen, in ein Sieb abgießen, kalt abschrecken und abtropfen lassen. Die Champignons putzen und trocken abreiben.

5   Den Ausbackteig, wie im Rezept rechts beschrieben, zubereiten. Das Gemüse
in Mehl wenden und im Fett ausbacken. Auf Küchenpapier abtropfen lassen und
etwas mit Salz würzen. Mit den Dips servieren und nach Belieben mit gemischten
Kräuterblättern garnieren.

ALLE-ESSEN-MIT-TIPP

*Vegetarier und Fleischfans am Tisch? Dann einfach die Dips
und den Ausbackteig für 4 Personen herstellen, das Gemüse
und den Fisch zum Ausbacken aber nur für die jeweiligen Ge-
müse- oder Fischfans. Zuerst das Gemüse im Fett ausbacken,
anschließend den Fisch, damit das Gemüse kein unangeneh-
mes Fischaroma aus dem Frittieröl annehmen kann.*
*Nach Belieben können Sie das Gemüse vor dem Backen auch
marinieren. Dazu, wie rechts beschrieben, 4 EL Gemüsebrühe, 2 EL Sojasauce und 1 TL Sesamöl verrühren und das
blanchierte Gemüse darin mindestens 10 Minuten marinieren.*

Gebackener Kabeljau
im Kichererbsenteig mit dreierlei Dips

ZUBEREITUNG

1   Zuerst die Dips, wie im Rezept links beschrieben, zubereiten.

2   Für den Fisch die Filets waschen, trocken tupfen und in etwa 2 cm breite Stücke schneiden. Für die Marinade Brühe, Sojasauce und Sesamöl verrühren. Den Fisch mit der Marinade mischen und 10 Minuten ziehen lassen.

3   Für den Ausbackteig das Kichererbsenmehl mit dem Backpulver in eine Schüssel sieben. Curry und Chilisalz hinzufügen. Mit dem Schneebesen nach und nach 400 ml kaltes Wasser unterrühren, bis ein glatter, sämiger Teig entstanden ist. Bei Bedarf etwas mehr Flüssigkeit dazugeben. Zuletzt das Öl unterrühren.

4   Das Fett in einem großen flachen Topf oder einer Fritteuse auf 160 °C erhitzen. Das Mehl in einen tiefen Teller geben. Die Fischstücke nach und nach aus der Marinade nehmen, trocken tupfen und im Mehl wenden. Durch den Backteig ziehen und portionsweise im Fett 4 bis 5 Minuten goldbraun backen. Auf Küchenpapier abtropfen lassen und etwas mit Salz würzen. Mit den Dips servieren und nach Belieben unbehandelte Limettenspalten dazu reichen.

4 PERSONEN

FÜR DIE DIPS

siehe Rezept linke Seite

FÜR DEN FISCH

500 g Kabeljaufilets
(ohne Haut und Gräten)
4 EL Gemüsebrühe
2 EL Sojasauce
1 TL geröstetes Sesamöl

FÜR DEN TEIG

300 g Kichererbsenmehl
2 TL Backpulver
1 TL mildes Currypulver
1 geh. TL mildes Chilisalz
2 EL Öl

AUSSERDEM

Öl oder Frittierfett zum Ausbacken
doppelgriffiges Mehl (Wiener Grießler) zum Wenden
Salz

GEBACKENES GEMÜSE
im Kichererbsenteig mit Dips

GEBACKENER KABELJAU
im Kichererbsenteig mit dreierlei Dips

Gefüllte Zucchiniblüten
mit Pilzen und Pesto-Joghurt

4 PERSONEN

FÜR DIE ZUCCHINI-BLÜTEN

120 g Laugenstangen
½ kleine Zwiebel
je 1 TL Fenchelsamen, Korian-
der- und Pfefferkörner und ganzer
Kümmel sowie ½ TL Zimtsplitter
für die Gewürzmühle
100 ml Milch · 1 Ei · mildes Chilisalz
frisch geriebene Muskatnuss
1 ½ –1 EL Petersilienblätter
(frisch geschnitten)
100 g Steinpilze · ½ TL Öl
mildes Chilisalz
8 Zucchiniblüten mit Mini-Zucchini

FÜR DAS PESTO

100 g Blattspinat · Salz
1 Bund Basilikum
½ –1 Knoblauchzehe (in Scheiben)
1 EL geriebener Parmesan
1 EL geröstete Mandelblättchen
4–5 EL mildes Olivenöl
4–5 EL zerlassene braune Butter
(wieder etwas abgekühlt;
siehe Tipp Seite 28)
mildes Chilisalz
Pfeffer aus der Mühle
einige Tropfen Zitronensaft

AUSSERDEM

200 g griech. Joghurt (10 % Fett)

ZUBEREITUNG

1 Für die Zucchiniblüten die Laugenstangen vom Salz befreien, in ½ bis 1 cm große Würfel schneiden und in eine Schüssel geben. Die Zwiebel schälen und in feine Würfel schneiden.

2 Die Zwiebelwürfel in einer Pfanne mit 100 ml Wasser weich garen, bis die Flüssigkeit eingekocht ist. Fenchel, Koriander, Pfeffer, Kümmel und Zimt in eine Gewürzmühle füllen.

3 Die Milch aufkochen, das Ei in einer Schüssel verquirlen und mit der heißen Milch verrühren. Mit Chilisalz, Muskatnuss und der Mischung aus der Gewürzmühle würzen und zu den Laugenwürfeln geben. Zwiebelwürfel und Petersilie hinzufügen, alles locker mischen (dabei nicht drücken) und einige Minuten ziehen lassen.

4 Die Steinpilze putzen und trocken abreiben, in etwa 1 cm große Würfel schneiden. Eine Pfanne bei mittlerer Temperatur erhitzen, das Öl mit einem Pinsel darin verstreichen und die Pilze anbraten. Mit Chilisalz und etwas Mischung aus der Gewürzmühle würzen und unter die Laugenmasse rühren.

5 Von den Zucchiniblüten den Blütenstempel entfernen und die Blüten und Früchte waschen. Die Knödelmasse mit einem Löffel in die Blüten füllen und die Enden vorsichtig verschließen.

6 In einen Dämpftopf 2 bis 3 cm hoch Wasser füllen und den Dämpfeinsatz hineinsetzen. Die Zucchiniblüten auf dem Einsatz verteilen und zugedeckt bei milder Hitze 10 bis 12 Minuten dämpfen. Herausnehmen und mit Chilisalz würzen.

7 Für das Pesto den Spinat verlesen, waschen und trocken schleudern, grobe Stiele entfernen. Den Spinat in kochendem Salzwasser kurz blanchieren. In ein Sieb abgießen, kalt abschrecken und abtropfen lassen. Mit den Händen das übrige Wasser gut ausdrücken und den Spinat hacken. Die Basilikum waschen, trocken tupfen und die Blätter abzupfen.

8 Spinat, Basilikum, Knoblauch, Parmesan und Mandelblättchen mit Olivenöl und brauner Butter im Mixer nicht zu fein pürieren. Das Pesto mit Chilisalz, Pfeffer und Zitronensaft würzen.

9 Den Joghurt mit 1 bis 2 EL Pesto glatt verrühren und mit Chilisalz würzen. (Übriges Pesto hält sich in einem sauberen Schraubglas, mit etwas Olivenöl bedeckt mehrere Tage im Kühlschrank.)

10 Zum Servieren die Zucchiniblüten längs halbieren und auf vorgewärmten Tellern anrichten. Den Pesto-Joghurt darum herumträufeln.

Zucchini
mit Garnelen gefüllt

ZUBEREITUNG

1 Für die Zucchini die Garnelen schälen, am Rücken entlang nicht zu tief einschneiden und den Darm herausziehen. Die Garnelen waschen, trocken tupfen und in kleine Würfel schneiden. Danach mit einem Kochmesser nochmals kurz durchhacken, bis die Masse bindet.

2 Die Garnelenmasse in einer Schüssel mit Knoblauch, Ingwer, Limettenschale, Currypulver, Dill und Koriander gründlich mischen. Alles mit Chilisalz würzen und zu einer gleichmäßigen Masse mischen.

3 Die Zucchini putzen, waschen und in 12 Stücke von je etwa 3 cm Länge schneiden. Die Zucchinistücke jeweils auf die Schnittfläche stellen und mit einem Kugelausstecher von oben großzügig aushöhlen. Dann mit der Garnelenmasse füllen.

4 In einen Dämpftopf 2 bis 3 cm hoch Wasser füllen und den Dämpfeinsatz in den Topf setzen. Die Zucchini auf dem Einsatz verteilen und zugedeckt bei milder Hitze 10 bis 12 Minuten dämpfen. Herausnehmen, kurz abtropfen lassen und mit etwas Öl in einer großen Pfanne auf der Unterseite noch hell anbraten.

5 Für den Dip den Joghurt mit der Sojasauce glatt verrühren und den Dip mit Chilisalz und Zucker würzen.

6 Zum Servieren je 3 gefüllte Zucchinistücke auf vorgewärmten Tellern anrichten und den Dip darum herumträufeln. Nach Belieben mit einigen gemischten Kräuterblättern garnieren.

4 PERSONEN

FÜR DIE ZUCCHINI

300 g Garnelen
½ TL fein geriebene Knoblauchzehe
½ TL fein geriebener Ingwer
½ TL abgeriebene unbehandelte Limettenschale
¼ – ½ TL mildes Currypulver
1 EL Dillspitzen
1 EL Koriandergrün
mildes Chilisalz
2 Zucchini (à ca. 300 g)
½ –1 TL Öl oder braune Butter (siehe Tipp Seite 28)

FÜR DEN DIP

200 g griech. Joghurt (10 % Fett)
4 TL helle Sojasauce
mildes Chilisalz · Zucker

ALLE-ESSEN-MIT-TIPP

Bei diesem Rezept können Sie lediglich den Dämpftopf für beide Gerichte verwenden, die Rezepte selbst müssen in der jeweils gewünschten Menge zubereitet werden. Allerdings passen beide Dips zu beiden Zucchini-Varianten, hier nach Belieben nur eine Variante für alle anrühren. Wenn Sie nur Zucchiniblüten servieren möchten, lässt sich die Garnelenmasse auch anstelle der Knödelmasse genauso gut zum Füllen der zarten Blüten verwenden.

4

Meine vegetarische Kochschule

TEIL 2

Bunte Vielfalt –
Beeren, Zitrusfrüchte und Co.

Äpfel, Birnen und Pflaumen sind die Klassiker unter den regionalen Obstsorten und lassen sich nicht nur mit Gewürzen und Teigen raffiniert verfeinern. Im Sommer bereichern bunte Beeren der Saison die Küche, die tiefgekühlt sogar das ganze Jahr über einsatzbereit sind. Dank moderner Transport-systeme und Kühlmöglichkeiten können wir uns heute auch die exotische Welt des Obstes nach Hause holen: Ananas, Mango, Papaya oder Melone bereichern unsere Obstteller und schmecken in Shakes, Müslis, Cremespeisen, Kuchen oder sogar vom Grill.

Trotz des vergleichsweise hohen Zuckergehalts punkten die bunten Früchtchen mit gesundem Inhalt: Vitamine, Mineralstoffe, sekundäre Pflanzen- sowie Ballaststoffe. Studien haben gezeigt, dass ein hoher Obstkonsum das Immunsystem stabilisiert und das Risiko von Zivilisationskrankheiten wie Blut-hochdruck oder Rheuma mindert. Einige Obstsorten (Kiwi, Papaya, Ananas) enthalten Enzyme, die Proteine spalten und mit Milchprodukten zu einem bitteren Geschmack führen. Außerdem heben sie den festigenden Effekt von Gelatine auf.

Beerendrink & Zitronenlimo

4 PERSONEN

FÜR DEN DRINK

200 g gekühlte Erdbeeren
200 g gekühlte Himbeeren und
4 EL Himbeeren zum Garnieren
500 g gekühlter Kefir
(ersatzweise Buttermilch)
2 EL Honig
einige Tropfen Zitronensaft
1 Msp. abgeriebene unbehandelte
Orangenschale
¼ TL grob gemahlener Kardamom
1 Msp. Vanillemark

FÜR DIE LIMO

50 g Zucker · 10 Ingwerscheiben
150 ml frisch gepresster
Zitronensaft
Schalenstreifen von 1 unbehandelten Zitrone
1–2 Handvoll Eiswürfel
750 ml gekühltes Sprudelwasser

ZUBEREITUNG

1   Für den Beerendrink sollten Beeren und Kefir gut gekühlt sein. Die Erdbeeren waschen und putzen. Die Himbeeren – auch zum Garnieren – verlesen, waschen und abtropfen lassen.

2   Beide Beerensorten mit Kefir, 200 ml kaltem Wasser, Honig, Zitronensaft, Orangenschale, Kardamom und Vanille im Mixer fein pürieren. Den Kefirdrink in Gläser füllen. Zum Servieren mit den Himbeeren bestreuen und nach Belieben jeweils mit 1 Minzeblatt garnieren.

3   Für die Zitronenlimo in einem kleinen Topf 100 ml Wasser mit dem Zucker verrühren und aufkochen, damit sich der Zucker vollständig auflöst. Vom Herd nehmen, die Ingwerscheiben dazugeben und alles abkühlen lassen.

4   Den Zuckersirup mit Zitronensaft und -schale in einen großen Glaskrug geben. Die Eiswürfel hinzufügen und alles mit Mineralwasser aufgießen. Die Limonade nochmals umrühren und in Gläser verteilen. Nach Belieben als Dekoration einige Johannis-, Him- oder Heidelbeeren sowie Minze- oder Zitronenmelisseblätter in die Limonade geben.

5   Anstelle von Zitrone können Sie die Limonade auch mit unbehandelten Limetten zubereiten – ebenso mit unbehandelten Orangen oder Grapefruits, diese jedoch zusätzlich mit etwas Zitronen- oder Limettensaft mischen.

Bunte Früchte mit Zimt und Kardamom

4 PERSONEN

800 g gemischte Früchte
(z. B. ½ kleine Ananas, ½ Mango,
2 Pflaumen, ¼ Honigmelone,
1 Kiwi, 1 Orange)
1–2 EL Omega-3-Öl
(ersatzweise Olivenöl)
je 1 TL Zimtsplitter und Kardamomkapseln für die Gewürzmühle
(ersatzweise Szechuan-Pfeffer
aus der Mühle)

ZUBEREITUNG

1   Die Ananas schälen, halbieren und den harten Strunk entfernen. Das Mangofruchtfleisch auf der flachen Seiten vom Stein schneiden und schälen. Die Pflaumen waschen, halbieren und entsteinen. Die Melone mit einem Esslöffel entkernen und schälen. Die Kiwi schälen, die Orange schälen und quer in Scheiben schneiden.

2   Das Obst in Stücke schneiden, auf Desserttellern anrichten und mit Öl beträufeln. Zimt und Kardamomkapseln in eine Gewürzmühle füllen und das Obst damit würzen.

PRAXISTIPP

Einige Obstsorten eignen sich auch gut zum Grillen, beispielsweise Ananas oder Melone. Einfach als 1 cm dicke Scheiben auf den Grill legen – Melone dabei nur kurz garen und innen nicht ganz durchziehen lassen. Ananas dagegen schmeckt besser, wenn sie vollständig durchgart.

Avocado –
ein mexikanisches Wunder

Die unscheinbare, aber gesunde Avocado ist mit 13 % Fettgehalt eine der fettreichsten Früchte über-
haupt. Ihr Fruchtfleisch enthält viel Vitamin D und E – das sind sogenannte fettlösliche Vitamine,
welche unser Körper nur in Kombination mit Fett aufnehmen und verwerten kann. Das Avocadofett
selbst besteht zu zwei Dritteln aus der gesunden einfach ungesättigten Ölsäure.

Avocados werden unreif geerntet und lassen sich so aufgrund ihrer Festigkeit gut transportieren. Erst
im Handel oder zu Hause reifen sie bei Zimmertemperatur innerhalb von wenigen Tagen voll aus und
werden weich. Eine reife Avocado gibt auf leichten Druck etwas nach. Beim Erhitzen kann Avocado
etwas bitter werden, deshalb glänzt sie vor allem als sättigende Beilage in Salaten oder als Grundlage
für Dips wie Guacamole und Gemüsesuppen.

In deutschen Supermärkten bekommt man hauptsächlich den Typ „Fuerte", eine birnenförmige Avocado mit mittelgrüner Schale und hellgelbem Fruchtfleisch. In Ländern wie den USA und Frankreich
dominiert die Sorte „Hass" – sie ist etwas kleiner, rundlich und besitzt eine dicke, warzige Schale. Die
Hass-Avocado ist reif, wenn sich die Schale dunkelviolett verfärbt.

Guacamole

4 PERSONEN

1 mittelscharfe frische rote
Chilischote
2 reife Avocados
1–2 EL Zitronensaft
1–2 EL mildes Olivenöl
½ –1 fein geriebene
Knoblauchzehe
Salz

ZUBEREITUNG

1   Die Chilischote der Länge nach halbieren, entkernen und waschen. Dann die Schote quer in feine Streifen oder in kleine Würfel schneiden.

2   Die Avocado halbieren, den Kern entfernen und die Hälften schälen. Das Avo-
cadofruchtfleisch in einer Schüssel mit einer Gabel zerdrücken und sofort mit Zitronensaft beträufeln.

3   Dann das Olivenöl unterrühren und die Guacamole mit Chili und Knoblauch gründlich mischen, zuletzt mit Salz würzen. Passt zu Tortilla-Chips und gegrilltem Fleisch.
Nach Belieben mit feinen Zwiebel- oder Tomatenwürfeln und Koriandergrün variieren.

Tomaten-Avocado-Salat mit Mozzarella

4 PERSONEN

250 g Datteltomaten
2 reife Avocados
2 EL Limettensaft
100 g Rucola
250 g Mini-Mozzarella
2 EL mildes Olivenöl
mildes Chilisalz

ZUBEREITUNG

1   Die Tomaten waschen und halbieren. Die Avocados halbieren, den Kern entfernen und die Hälften schälen. Das Fruchtfleisch in Würfel schneiden, mit 1 EL Limettensaft beträufeln und alles gründlich mischen.

2   Den Rucola verlesen, waschen und trocken schleudern. Die Blätter abzupfen, die Stiele fein schneiden. Die Mozzarellakugeln halbieren. Tomaten, Avocados und Rucola in eine Schüssel geben. Das Olivenöl mit dem restlichen Limettensaft untermischen.

3   Den Salat mit Chilisalz würzen und nach Bedarf nochmals mit etwas Limettensaft abschmecken. Zuletzt den Mozzarella untermischen. Den Salat nach Belieben mit Oliven und Kapern oder gebratenen Garnelen ergänzen.

PRAXISTIPP

Avocados eignen sich hervorragend für gesunde und sättigende Salate – egal, ob in Würfel geschnitten wie hier oder als Guacamole-Dip auf der Seite links. Sehr gut schmecken auch in Spalten geschnittene Avocados, wobei die Spalten zuerst in Kokosraspeln gewendet und dann in einer Pfanne in wenig Öl gebraten werden (siehe Seite 13). Die Spalten dabei nur so lange wie nötig braten, sie sollten innen lediglich etwas warm werden.

Geeiste Gurken-Avocado-Suppe

4 PERSONEN

1 Salatgurke · 1 reife Avocado
2 EL Balsamico bianco
1–2 TL Zitronensaft · Salz · Zucker
1 fein geriebene Knoblauchzehe
1 Msp. fein geriebener Ingwer
je 1 Msp. abgeriebene unbehandelte Orangen- und Limettenschale
70 g Sahne · mildes Chilisalz
1 EL Koriandergrün
(samt Stielen; grob geschnitten)

ZUBEREITUNG

1   Die Gurke putzen, schälen, längs halbieren und die Kerne mit einem Teelöffel entfernen. Die Gurkenhälften klein schneiden. Die Avocado halbieren, den Kern entfernen, die Hälften schälen und das Fruchtfleisch in Würfel schneiden.

2   Die Gurken- und Avocadostücke in einen Mixer oder hohen Rührbecher füllen. 600 ml kaltes Wasser, Essig, Zitronensaft, Salz, 1 Prise Zucker, Knoblauch, Ingwer, Orangen- und Limettenschale hinzufügen und alles (mit dem Stabmixer) fein pürieren.

3   Zuletzt die Sahne und 1 Prise Chilisalz unterrühren. Die Suppe im Kühlschrank mindestens 30 Minuten durchkühlen lassen. Zum Servieren das Koriandergrün unterrühren und die Suppe nach Bedarf nochmals etwas nachwürzen.

Kokosnuss –
für Raspel, Milch und mehr

Die hoch oben an Palmen wachsende Kokosnuss ist eigentlich gar keine Nuss, sondern gehört zu den Steinfrüchten. Auf jeden Fall ist sie aber ein echtes Multitalent, denn sie lässt sich zu fast 100 % verwerten: Die Schale dient in den Ursprungsländern als Brennholz oder Baumaterial, das Fruchtfleisch kann man essen oder zu Kokosmilch verarbeiten. Die Flüssigkeit im Inneren – das sogenannte Kokoswasser – schmeckt als leicht süßliches, fettfreies Getränk.

Für Kokosmilch wird das Fruchtfleisch geraspelt und ausgepresst. Die Milch hat einen fruchtig-nussigen Geschmack und ist relativ fettreich (bis zu 36 % Fett). Das enthaltene Kokosfett setzt sich in Dosen meist oben als dicke Schicht (Kokossahne genannt) ab. Dosen mit Kokosmilch sollte man deshalb vor der Verwendung gut schütteln. Kokosmilch ist wie Kokoswasser eine beliebte Zutat in Suppen, Saucen oder Currys der indischen, thailändischen und vietnamesischen Küche. Hierzulande wird getrocknete Kokosnuss vor allem zum Backen verwendet, die großen Kokosnuss-Chips schmecken geröstet aber auch im Salat.

Thailändische Kokos-Gemüse-Suppe

4 PERSONEN

1 rote Paprikaschote
3 Mini-Auberginen
3 Frühlingszwiebeln
100 g Zuckerschoten
100 g Austernpilze
800 ml Kokosmilch
¼ l Gemüsebrühe
1 EL Speisestärke
3 Kaffir-Limettenblätter
2 Stängel Zitronengras
2 Knoblauchzehen (in Scheiben)
5 Scheiben Ingwer
100 g Bambussprossen (in Streifen;
aus der Dose) · mildes Chilisalz
Limettensaft · 1 TL Zucker

ZUBEREITUNG

1 Die Paprikaschote halbieren, entkernen, waschen und in 1 ½ cm große Stücke schneiden. Die Auberginen putzen, waschen und in Spalten schneiden. Die Frühlingszwiebeln putzen, waschen und schräg in ½ cm dünne Ringe schneiden. Die Zuckerschoten waschen und schräg in 1 ½ bis 2 cm lange Stücke schneiden. Die Austernpilze putzen, trocken abreiben und in Streifen zupfen.

2 Kokosmilch und Brühe in einem Topf erhitzen. Speisestärke mit etwas kaltem Wasser glatt rühren, in die Suppe geben und köcheln lassen, bis diese sämig bindet. Kaffir-Limettenblätter mehrfach einreißen, Zitronengras längs halbieren, beides waschen und mit dem Knoblauch und dem Ingwer in die Suppe geben. Die Paprikastücke hinzufügen und alles knapp unter dem Siedepunkt etwa 5 Minuten ziehen lassen.

3 Dann Auberginen, Frühlingszwiebeln, Zuckerschoten, Pilze und Bambussprossen hinzufügen, alles 3 bis 4 Minuten ziehen lassen. Mit Chilisalz, einigen Tropfen Limettensaft und Zucker würzen. Die ganzen Gewürze vor dem Anrichten wieder entfernen. Zum Servieren nach Belieben etwas grob geschnittenes Koriandergrün dazugeben.

Kokos-Panna-cotta

4 PERSONEN

3 Blatt Gelatine
300 ml Kokosmilch
Mark von 1 Vanilleschote
45 g Zucker
1 Streifen unbehandelte
Orangenschale
150 g Sahne

ZUBEREITUNG

1 Die Gelatine in etwas kaltem Wasser einweichen. Kokosmilch mit Vanillemark und Zucker in einem kleinen Topf aufkochen, vom Herd nehmen. Gelatine ausdrücken und in der heißen Kokosmilch unter Rühren auflösen. Die Masse in eine Schüssel füllen, die Orangenschale einlegen und alles abkühlen lassen, bis die Flüssigkeit zu gelieren beginnt (falls nötig, 5 bis 10 Minuten kühl stellen). Orangenschale wieder entfernen.

2 Die Sahne halb steif schlagen und unter die bereits etwas gelierte Kokosmilch heben. Die Masse in kleine Förmchen (à etwa 150 ml Inhalt) oder Dessertgläser füllen und im Kühlschrank mindestens 2 Stunden fest werden lassen. Dazu passen marinierte Erdbeeren oder andere Früchte und Schokospäne oder -sticks.

Kokosmakronen

ETWA 25 STÜCK

100 g Kokosraspel
150 g Zucker
3 Eiweiß
15 g Orangeat (in Würfeln)
Salz
150 g zerlassene dunkle
Schokoladenglasur

ZUBEREITUNG

1 Die Kokosraspel mit Zucker, Eiweißen, Orangeat und 1 Prise Salz in einer Metallschüssel im heißen Wasserbad unter Rühren auf 60 °C (Speisethermometer!) erhitzen. Dabei wird die Masse zuerst flüssig und dann wieder fest. Die Schüssel vom Wasserbad nehmen und die Kokosmasse vollständig abkühlen lassen.

2 Den Backofen auf 190 °C vorheizen. Ein Backblech mit Backpapier belegen. Die Kokosmasse in einen Spritzbeutel mit Sterntülle füllen und damit nebeneinander Häufchen aufspritzen. Im Ofen auf der untersten Schiene etwa 8 Minuten backen, bis der Boden zu bräunen beginnt. Herausnehmen und abkühlen lassen. Die Kokosmakronen mit dem Boden etwa ½ cm tief in die Glasur tauchen und die Glasur fest werden lassen.

Nüsse & Kerne–
für reichlich gesunde Fettsäuren

Nüsse sind bei uns auch außerhalb der Weihnachtszeit beliebt – nicht zuletzt deshalb, weil auf heimischen Böden Haselnusssträucher und Walnussbäume gut gedeihen und die Bevölkerung seit Urzeiten mit Nahrung versorgen. Heute schätzen wir die regionalen Nusssorten nach wie vor, schwelgen aber mittlerweile in exotischer Nussvielfalt – von Paranüssen und Pekannüssen bis hin zu Erd- und Cashewnüssen. Verwenden lassen sich Nusskerne in ganz unterschiedlicher Form, mal grob gehackt im Müsli, als ganze Nuss in Broten oder Salaten, mal fein gemahlen als Backzutat oder als cremiges Mus aufs Brot und in Saucen.

Nüsse enthalten nur wenig Wasser, aber viel Fett, Eiweiß, Kohlenhydrate und Ballaststoffe, was sie besonders reich an Kalorien macht. Beim Fett handelt es sich hauptsächlich um einfach und mehrfach ungesättigte Fettsäuren. Laut wissenschaftlicher Untersuchungen wirkt sich der Verzehr von Nüssen günstig auf das Herz-Kreislauf-System und die Blutfettwerte aus. Nüsse enthalten reichlich Mineralstoffe und Vitamine sowie Kalium, Natrium, Magnesium und Phosphor.

Apfel-Nuss-Brot

**1 KASTENFORM
(30 CM LÄNGE)**

600 g Äpfel (z. B. Golden Delicious,
Jonathan, Elstar)
100 g brauner Zucker
150 g ganze Haselnusskerne
(ersatzweise andere Nusskerne)
80 g Rosinen
Öl für die Form
250 g Mehl
½ Päck. Backpulver
½ TL Nelkenpulver
½ TL Zimtpulver
1 TL Lebkuchengewürz (ersatzweise
Plätzchen- und Kuchen-, Arabisches
Kaffee- oder Milchreisgewürz)

ZUBEREITUNG

1 Am Vortag die Äpfel waschen und mit Schale in Scheiben hobeln, dabei die Kerngehäuse entfernen. Die Äpfel mit braunem Zucker, Haselnüssen und Rosinen mischen und über Nacht zugedeckt ziehen lassen. (Dadurch tritt Flüssigkeit aus, die für den Teig wichtig ist.)

2 Am nächsten Tag den Backofen auf 190 °C vorheizen. Die Form fetten und mit Backpapier belegen. Das Mehl mit dem Backpulver in eine große Schüssel sieben und Nelken, Zimt und Lebkuchengewürz dazugeben. Die Apfel-Nuss-Mischung vom Vortag hinzufügen und alles gut mischen.

3 Den Teig in die Form füllen und glatt streichen. Im Ofen auf der untersten Schiene etwa 1 Stunde 15 Minuten backen. Aus dem Ofen nehmen, aus der Form stürzen und abkühlen lassen. Zum Aufbewahren in Frischhaltefolie oder Alufolie wickeln.

4 Gekühlt hält sich das Brot mehrere Wochen. Nach Belieben mit Butter bestrichen zu Käse reichen oder mit einer Tasse Tee oder Kaffee servieren. Für die süße Variante das Brot mit Puderzucker bestäuben oder mit Schokoladenglasur überziehen.

Knusprige Gewürznüsse

ETWA 300 G

1 geh. TL Salz (10 g)
1 gestr. EL Karibisches Scampigewürz (ersatzweise mildes
Currypulver oder je 1 gestr. TL
edelsüßes Paprikapulver und
Räucherpaprikapulver)
¼ TL Chilipulver
50 g Zucker
1 Eiweiß
300 g gemischte Nusskerne
(z. B. Cashew-, Haselnusskerne,
Mandeln, Pekannuss-, Pistazien-,
Walnusskerne)

ZUBEREITUNG

1 Den Backofen auf 140 °C (Umluft) vorheizen. Ein Backblech mit Backpapier belegen. Das Salz mit der Gewürzmischung, Chili und Zucker gleichmäßig mischen.

2 Das Eiweiß halb steif schlagen und mit der Gewürzmischung und Nüssen mischen. Die Mischung gleichmäßig dünn auf dem Blech verteilen und im Ofen auf der mittleren Schiene 20 bis 25 Minuten backen, bis die Nüsse knusprig sind.

3 Sofort vom heißen Blech nehmen und abkühlen lassen. Dann die Masse in kleine Stücke zerteilen. Zum Aufbewahren Gewürznüsse nach dem Abkühlen in eine gut verschließbare Dose füllen – so halten sie sich mehrere Wochen.

PRAXISTIPP

Nüsse auch mal so: Als Mus eignen sich Nüsse sehr gut für schnelle Saucen und Dips. Für 250 ml Erdnusssauce 60 g Erdnussmus (aus gerösteten Kernen) in einem Topf mit je 100 ml Gemüsebrühe und Kokosmilch verrühren, alles einmal kurz erhitzen, mit etwas Chilisalz würzen, fertig! Passt zu Gemüsesticks und gedünstetem Gemüse, zu Saté-Spießen und kurz gebratenem Fleisch oder Geflügel. Nach Belieben mit verschiedenen Gewürzen variieren – z. B. fein geriebenem Knoblauch, Ingwer, etwas abgeriebener unbehandelter Zitronen- oder Orangenschale oder chinesischem 5-Gewürze-Pulver.

Sesam –
Schätze in Weiß und Schwarz

Der berühmte Zauberspruch „Sesam, öffne dich", mit dem Ali Baba die Schatzkammer öffnen konnte, fußt tatsächlich auf einem natürlichen Vorgang: dem Moment, in dem die reife Sesamkapsel aufspringt und die darinliegenden Sesamsamen freigibt. Die Samen sind je nach Art und Sorte weiß, hellbraun, braun oder schwarz. Der asiatische Schwarze Sesam ist die Urform dieser wertvollen Ölpflanze. Er wird besonders im Gebiet des Himalajas (Nepal) angebaut.

Die Sesamsamen werden einerseits zu Sesamöl verarbeitet, das vor allem in der gerösteten Variante für die typische Würze in fernöstlichen Gerichten sorgt. Andererseits dienen die ganzen Samen — ebenfalls meist geröstet — zur Verfeinerung von Gebäck und zum Würzen von Speisen. Das Aroma verstärkt sich beim Rösten um ein Vielfaches. Gemahlener Sesam ergibt eine homogene Paste (Tahin), die im Nahen Osten als Basis für Hummus und Dips dient. Sesamsamen enthalten über 50 % Fett, das in erster Linie aus einfach und mehrfach ungesättigten Fettsäuren besteht. Daneben liefert Sesam reichlich Eiweiß (17 %) sowie die Nährstoffe Kalzium, Selen und Zink.

Sesam-Käse-Plätzchen

ETWA 70 STÜCK

200 g Bergkäse
200 g weiche Butter
½ TL mildes Chilisalz
25 g Puderzucker
1 Ei · 1 Eigelb
150 g Mehl · 70 g Speisestärke
70 g geschälte gemahlene Mandeln
Mehl zum Arbeiten
2 EL helle Sesamsamen
1–2 TL schwarze Sesamsamen

ZUBEREITUNG

1 Den Käse fein reiben, mit Butter, Chilisalz und Puderzucker mit den Knethaken der Küchenmaschine oder des Handrührgeräts verkneten. Ei und Eigelb nacheinander dazugeben und unterrühren. Mehl und Speisestärke sieben, mit den Mandeln mischen und zur Buttermasse geben. Dann alles mit den Knethaken der Küchenmaschine zu einem glatten Teig kneten, zu einem flachen Ziegel formen und in Frischhaltefolie gewickelt 1 Stunde kühl stellen.

2 Den Backofen auf 200 °C vorheizen. Zwei Backbleche mit Backpapier belegen. Den Teig auf der leicht bemehlten Arbeitsfläche nochmals kurz durchkneten und mit dem Nudelholz etwa ½ cm dünn zu einer großen Platte ausrollen. Mit einem Plätzchenausstecher (etwa 5 cm Durchmesser) beliebige Motive (z. B. Herzen, Sterne, Blumen, Tiere) ausstechen und mit etwas Abstand zueinander auf die Bleche legen.

3 Beide Sesamsorten mischen und die Plätzchen damit bestreuen. Die Plätzchen im Ofen auf der untersten Schiene 8 bis 10 Minuten hell backen. Aus dem Ofen nehmen und auf einem Kuchengitter abkühlen lassen.

Pak-Choi-Krautsalat mit Sesam

4 PERSONEN

¼ kleiner junger Spitzkohl
(ca. 250 g)
mildes Chilisalz · Zucker
½ Apfel
250 g Pak-Choi
2 EL Apfelessig
2 EL mildes Salatöl
1–2 TL geröstetes Sesamöl
1 EL geröstete helle Sesamsamen
je 1 EL Minzeblätter und Dillspitzen
(frisch geschnitten)

ZUBEREITUNG

1   Den Spitzkohl putzen, entstrunken, waschen und in dünne Streifen schneiden oder hobeln. Mit je 1 TL Chilisalz und Zucker mischen und 10 bis 15 Minuten ziehen lassen. Inzwischen die Apfelhälfte schälen, halbieren und das Kerngehäuse entfernen. Die Apfelviertel in feine, etwa 4 cm lange Stifte schneiden. Den Pak-Choi putzen, waschen, trocken schütteln, in feine Streifen schneiden und unter den Spitzkohl mischen.

2   Den Essig und beide Ölsorten untermischen. Den hellen Sesam und die Apfelstifte dazugeben, die Minze und den Dill unterheben und den Salat mit Chilisalz abschmecken. Nach Belieben 1 TL schwarze Sesamsamen darüberstreuen.

3   Den Salat etwa 10 Minuten ziehen lassen und nach Belieben nochmals nachwürzen. Dazu passt gebratener Tofu oder Schweinefilet in Scheiben, jeweils mit etwas Sojasauce und Butter glasiert und mit chinesischem 5-Gewürze-Pulver gewürzt.

PRAXISTIPP

Für ein Sesamsalz 1 EL weiße und 1 TL schwarze Sesamsamen in einer beschichteten Pfanne ohne Fett leicht rösten und mit 1 EL Fleur de Sel und ½ TL milde Chiliflocken mischen. Es eignet sich gut für Carpaccio aus Gemüse oder Fleisch, Fisch und Jakobsmuscheln sowie für gebratenes oder gegrilltes Gemüse, Fisch, Fleisch oder Geflügel.

Sesammousse mit Vanille

4 PERSONEN

70 g helle Sesamsamen
350 g Sahne
Mark von 1 Vanilleschote
Salz
2 Blatt Gelatine
3 Eigelb
50 g Puderzucker

ZUBEREITUNG

1   Sesam in einer beschichteten Pfanne ohne Fett goldbraun rösten, abkühlen lassen. Sahne mit Vanille und 1 Prise Salz in einem Topf auf 40 bis 50 °C (Speisethermometer!) erwärmen. Sesam unterrühren und die Sahne mindestens 2 Stunden kühl stellen.

2   Die Sesamsahne mit dem Stabmixer pürieren und durch ein feines Sieb streichen. Sesamsahne mit den Quirlen des Handrührgeräts halb steif schlagen und kühl stellen. Die Gelatine in etwas kaltem Wasser einweichen. Eigelbe mit Puderzucker mit den Quirlen des Handrührgeräts hellschaumig schlagen. Die Gelatine tropfnass in einem kleinen Topf erhitzen und unter Rühren auflösen, dann unter die Eigelbmasse mischen. Zuerst ein Drittel der Sesamsahne mit dem Schneebesen unter die Eigelbmasse ziehen, dann den Rest mit dem Teigschaber vorsichtig unterheben.

3   Die Sesammousse in Dessertgläser füllen und im Kühlschrank 1 bis 2 Stunden fest werden lassen. Nach Belieben mit Pistazien- und Granatapfelkernen garnieren. Gut passen auch kleine Stücke Sesamkrokant: Dafür 40 g helle Sesamsamen hell rösten. In eine weitere beschichtete Pfanne nach und nach 50 g Zucker streuen und goldbraun karamellisieren. Den gerösteten Sesam zügig unterrühren und die heiße, weiche Masse auf Backpapier geben. Mit einer zweiten Lage Backpapier belegen und den Krokant mit dem Nudelholz rasch flach ausrollen. Abkühlen lassen, dann in kleine Stücke hacken.

Mohn –
eine ganz besondere Saat

Mohn prägt vor allem im Frühsommer das deutsche Landschaftsbild, wenn die roten Klatschmohn-
blüten Getreidefelder säumen oder Garten und Balkon mit ihrem Anblick verschönern. Doch nicht nur
optisch, auch in der Ernährung des Menschen spielt Mohn bereits seit Jahrtausenden eine Rolle.
In der Küche verwendet man drei Mohnsorten: Blaumohn, der gepresst ein kraftvolles, würziges Öl
ergibt, Graumohn, zart und mild im Geschmack, sowie Weißmohn, dessen Aroma leicht an Nuss erinnert. Egal, welche Sorte, Mohn sollte immer möglichst in ganzen Körnern gekauft und erst unmittelbar
vor dem Verarbeiten gemahlen werden, da das Fett durch den Luftkontakt schneller oxidieren und
ranzig werden kann. Gemahlener Mohn lässt sich unter Luftausschluss einige Tage im Kühlschrank
bzw. tiefgekühlt etwa einen Monat lagern.
Mohn macht sich sehr gut in Gebäck – egal, ob untergemischt in Rühr- oder Mürbeteig oder als
Füllung für Hefeteig. Vor allem aus österreichischen Mehlspeisen ist er nicht wegzudenken. Die Körn-
chen schmecken geröstet auch als knuspriges Topping für Salate und Shakes. Blaumohn kann man
am besten in einer Mohnmühle oder ersatzweise im Blitzhacker selbst mahlen.

Käse-Mohn-Stangerl

ETWA 40 STÜCK

1 Rolle Blätterteig
(275 g; aus dem Kühlregal)
Mehl zum Arbeiten
100 g geriebener Hartkäse
(z. B. Bergkäse, Emmentaler
oder ähnliche Sorten)
1 Ei · Salz
1–2 EL Mohn

ZUBEREITUNG

1   Den Backofen auf 200 °C vorheizen. Ein Backblech mit Backpapier belegen. Den
Blätterteig auf einem leicht bemehlten Arbeitsbrett (siehe Tipp) ausbreiten und der
Länge nach halbieren. Die Teighälften jeweils quer in 2 cm breite und 10 bis 20 cm
lange Streifen schneiden, mit dem Käse bestreuen und diesen etwas andrücken.

2   Die Streifen jeweils mehrmals in sich verdrehen und mit etwas Abstand nebeneinander auf das Blech legen, dabei die Enden etwas andrücken, damit sich die Streifen
nicht zurückdrehen. Die käsefreien Teigstellen auf den Stangerln mit dem mit 1 Prise Salz verquirlten Ei bestreichen und die Stangerl mit Mohn bestreuen. Im Ofen auf
der mittleren Schiene etwa 10 Minuten backen. Herausnehmen und abkühlen lassen.

PRAXISTIPP

Blätterteig sollte immer möglichst kühl verarbeitet werden. Daher bei warmer Raum-
temperatur am besten das Arbeitsbrett vorher im Tiefkühler oder Kühlschrank kühlen.

Mohnmuffins mit Apfel und Haselnüssen

12 STÜCK

Butter und Mehl für die Förmchen
30 g kandierter Ingwer
2 Äpfel · Saft von ½ Zitrone
5 Eier · 100 g Zucker
50 g flüssiger Honig
½ TL abgeriebene unbehandelte
Zitronenschale
½ TL Zimtpulver
1 Msp. Nelkenpulver
Salz · 1 TL Backpulver
150 g gemahlener Mohn
150 g gemahlene Haselnusskerne
80 g zerlassene Butter
(wieder etwas abgekühlt)
Puderzucker zum Bestäuben

ZUBEREITUNG

1　Den Ofen auf 170 °C vorheizen. Die Muffinförmchen mit Butter fetten und mit Mehl bestäuben (oder in jede Mulde zwei Papierbackförmchen ineinanderstellen).

2　Den Ingwer klein hacken. Die Äpfel schälen, vierteln, entkernen und in kleine Würfel schneiden, sofort mit Zitronensaft beträufeln. Die Eier trennen. Die Eigelbe mit 50 g Zucker, Honig, Zitronenschale, Zimt- und Nelkenpulver hellschaumig aufschlagen.

3　Die Eiweiße mit dem übrigen Zucker und 1 Prise Salz zu einem festen, cremigen Schnee schlagen. Das Backpulver sieben und mit Mohn und Nüssen mischen, dann abwechselnd mit dem Eischnee unter die Eigelbmasse heben. Zuletzt die zerlassene Butter unterziehen.

4　Die Mohnmasse jeweils drei Viertel hoch in die Mulden füllen und mit Apfelwürfeln bestreuen. Im Ofen auf der mittleren Schiene 30 bis 40 Minuten backen. Herausnehmen und kurz abkühlen lassen, dann aus den Förmchen stürzen und vollständig abkühlen lassen. Zum Servieren mit Puderzucker bestäuben.

Ricotta-Gnocchi mit Mohnbutter

4 PERSONEN

750 g Ricotta
150 g geriebener Parmesan
und etwas zum Bestreuen
3 Eier
3–4 EL Harissa (siehe Tipp)
2 EL zerlassene braune Butter
(siehe Tipp Seite 28) · Salz
300 g doppelgriffiges Mehl
(Wiener Grießler) und etwas
zum Arbeiten
100 g braune Butter
20 g Mohn
1 Knoblauchzehe (in Scheiben)
2 Ingwerscheiben
1 Msp. abgeriebene unbehandelte
Orangenschale
mildes Chilisalz

ZUBEREITUNG

1　Für die Gnocchi Ricotta, Parmesan, Eier, Harissa, zerlassene braune Butter und etwas Salz in einer Schüssel mit dem Kochlöffel gut verrühren. Zuletzt das Mehl unterrühren und alles zu einem glatten Teig verarbeiten.

2　Den Ricottateig auf der stark bemehlten Arbeitsfläche zu 2 cm dicken Rollen formen und diese in 1 bis 2 cm lange Stücke schneiden. In einem Topf reichlich Salzwasser zum Sieden bringen und die Gnocchi darin 4 bis 5 Minuten garen, bis sie an die Oberfläche steigen. Dann noch 2 Minuten ziehen lassen.

3　Inzwischen für die Mohnbutter die braune Butter in einer Pfanne erhitzen. Mohn, Knoblauch, Ingwer und Orangenschale hinzufügen, mit Chilisalz würzen und bei milder Hitze erwärmen.

4　Die Gnocchi mit dem Schaumlöffel aus dem Wasser heben, kurz abtropfen lassen und in der Mohnbutter erhitzen. Mit etwas Salz würzen. Den Knoblauch und Ingwer wieder entfernen und die Gnocchi auf vorgewärmte tiefe Teller verteilen. Zum Servieren mit Parmesan bestreuen und nach Belieben mit etwas Harissa bestäuben.

VARIANTE

Nach Belieben unter die Ricottamasse etwa 100 g fein gehackten blanchierten und gut ausgedrückten Blattspinat mischen.

Reis –
duftend, rund oder wild

Reis ist weltweit eines der wichtigsten Grundnahrungsmittel, in seinem Hauptanbaugebiet Südostasien zählt man über 1000 Sorten. In Deutschland ist der Langkornreis – als Vollkornvariante mit Silberhaut ums Korn oder bereits geschält als weißer Reis – die bekannteste Sorte.

Reis wird nach Korngröße in Rundkorn- und Langkornreis unterteilt. Aus Italien kennen wir den Rundkornreis für Risotto-Gerichte, wofür weißer Reis einfach geschliffen wurde und daher besonders weich und cremig kocht. Die bekanntesten Sorten sind Carnaroli, Baldo, Vialone oder Arborio. Auch Klebreis aus Asien ist ein Rundkornreis. In den asiatischen Ländern ist aromatischer Duft- oder Basmati-Reis bekannt, ein Langkornreis. Dabei handelt es sich um bestimmte Reissorten, die nach dem Garen einen besonderen Duft verströmen. Die Bezeichnung „Basmati" ist eine international geschützte Herkunftsbezeichnung – auf Hindi heißt „Duft" übersetzt „Basmati".

Eine spezielle Gattung ist der wilde oder schwarze Reis, für den ursprünglich wild wachsende Wasserpflanzen geerntet wurden. Noch heute wächst Wildreis natürlich und nicht kultiviert im niedrigen Wasser nordamerikanischer Seen. Die langen dünnen Körner sind schwarz, das Aroma leicht nussig.

Milchreis mit Früchten

4 PERSONEN

1 Vanilleschote
700 ml Milch
130 g Milchreis
2 Scheiben Ingwer
Salz · 1–2 EL Zucker
je 1 Msp. abgeriebene
unbehandelte Zitronen- und
Orangenschale
1 Zimtstange

ZUBEREITUNG

1   Die Vanilleschote längs aufschneiden und das Mark mit einem spitzen Messer herauskratzen. Die Milch mit dem Milchreis in einen Topf geben und mit Vanillemark und -schote, Ingwer und 1 Prise Salz würzen.

2   Alles langsam aufkochen und bei milder Hitze 25 bis 30 Minuten mehr ziehen als köcheln lassen, dabei immer wieder umrühren. Zum Servieren Vanille und Ingwer wieder entfernen, den Zucker mit den Zitrusschalen unterrühren und etwas Zimt darüberreiben. Dazu passen frische Früchte und Beeren sowie Kompotte und Saucen.

PRAXISTIPP

Den Milchreis erst kurz vor dem Servieren süßen, sonst wird er nicht so schnell weich. Statt der Einzelgewürze können Sie auch ein Milchreisgewürz verwenden. Wenn Sie den Milchreis gekühlt servieren, nach Belieben noch 200 g mit 1 EL Zucker halbsteif geschlagene Sahne unterheben.

Gebratener Reis mit Erbsen und Tomaten

4 PERSONEN

150 g tiefgekühlte Erbsen
4 Frühlingszwiebeln
150 g Cocktailtomaten
1–2 EL Rapsöl
1 kg gegarter Reis (vom Vortag; verschiedene Reissorten, auch gemischt)
1–2 EL Nasi-Goreng-Gewürz (siehe Tipp)
mildes Chilisalz
1 EL kalte Butter
1 EL Koriandergrün (mit Stielen, grob geschnitten; ersatzweise Petersilie)

ZUBEREITUNG

1   Die Erbsen auftauen lassen, dann in ein Sieb geben und abbrausen. Inzwischen die Frühlingszwiebeln putzen, waschen und in ½ cm dünne Ringe schneiden. Die Tomaten waschen und halbieren.

2   In einer großen Pfanne 1 EL Öl bei mittlerer Temperatur erhitzen und den gegarten Reis darin unter Rühren kurz anbraten. Das Nasi-Goreng-Gewürz mit Erbsen und Frühlingszwiebeln hinzufügen und alles einige Minuten mitbraten. Zuletzt die Tomaten unterziehen, alles mit Chilisalz würzen und Butter und Koriander unterrühren.

TAUSCHTIPP

Der Reis lässt sich auch mit anderen Gemüsesorten zubereiten. Anstelle von Nasi-Goreng-Gewürz können Sie den Reis mit Currypulver oder mit einer Mischung aus geriebenem Ingwer und Knoblauch, etwas abgeriebener unbehandelter Zitronenschale und Kräutern wie Basilikum, Dill, Kerbel, Koriandergrün, Minze oder Petersilie würzen. Sehr fein schmeckt der Reis auch mit Rührei – einfach halbgar am Ende der Garzeit unter den gebratenen Reis ziehen.

Knusprig gebackene Reiskrapfen

4 PERSONEN

150 g Risottoreis (z. B. Arborio, Carnaroli, Vialone Nano)
400 ml Gemüsebrühe
1 EL braune Butter (siehe Seite 28)
80 g geriebener Bergkäse
2 Eigelb
3 EL gemischte Kräuterblätter (z. B. Dill, Kerbel, 2 Blätter Liebstöckel, Petersilie; frisch geschnitten)
1 fein geriebene Knoblauchzehe
½ TL fein geriebener Ingwer
½ TL abgeriebene unbehandelte Zitronenschale · mildes Chilisalz
Pfeffer aus der Mühle
125 g Mehl · 125 g Speisestärke
2 Päck. Backpulver (30 g)
doppelgriffiges Mehl
Öl oder Frittierfett zum Ausbacken

ZUBEREITUNG

1   Für die Füllung Reis und Brühe in einen Topf geben, mit einem Blatt Backpapier bedecken und knapp unter dem Siedepunkt etwa 25 Minuten ausquellen lassen.

2   Den Reis in eine Schüssel füllen und braune Butter und Bergkäse unterrühren. Eigelbe, Kräuter, Knoblauch, Ingwer und Zitronenschale hinzufügen und alles mit Chilisalz und Pfeffer würzen. Die Masse abkühlen lassen, anschließend mit befeuchteten Händen etwa 16 kleine Bällchen (etwa 3 cm Durchmesser) daraus formen.

3   Für den Ausbackteig Mehl, Speisestärke und Backpulver mischen, sieben und unter Rühren mit dem Schneebesen nach und nach 300 ml kaltes Wasser hinzufügen, bis ein zähflüssiger Teig entstanden ist. (Achtung, schäumt etwas!) Mit Chilisalz würzen. Etwas doppelgriffiges Mehl in einen tiefen Teller geben. Das Fett in einem großen Topf oder einer Fritteuse auf 160 °C erhitzen. Die Reisbällchen im Mehl wenden, nacheinander in den Teig tauchen und im Öl einige Minuten goldbraun frittieren. Herausheben und auf Küchenpapier abtropfen lassen, mit Chilisalz etwas nachwürzen.

4   Die Reiskrapfen am besten als Snack servieren und dazu nach Belieben einen Joghurtdip oder eine Tomatensauce reichen. Die Reismasse lässt sich anstatt zu Bällchen nach Belieben auch mit zwei Esslöffeln zu Nockerln oder mit angefeuchteten Händen zu Kroketten formen. Je nach Größe benötigen sie dann eine längere Frittierzeit.

Alles fürs Müsli –
Flocken, Trockenfrüchte & Co.

Ein Frühstück ohne Müsli ist heute kaum mehr vorstellbar. Und dabei geht es längst nicht mehr nur um trockene Getreideflocken mit Obst und Milch: Eine Reihe von Superfood-Zutaten wie Amarant- oder Quinoa-Pops (im Bild unten rechts), getrocknete Cranberrys oder Kirschen (im Bild Mitte) sowie Chia- oder Flohsamen sorgen für einen gesunden Start in den Tag. Die Flocken machen sich auch gut in Bratlingen oder Gebäck, Getreide-Pops eignen sich für Panaden oder Toppings.

Als Basis jedes Müslis empfehlen sich Haferflocken, sie enthalten viele Ballaststoffe sowie Vitamin B_1, Folsäure, Eisen, Magnesium und Phosphor. Haferflocken sind geschälte und unter heißem Dampf zu Flocken ausgewälzte Haferkörner. Man unterscheidet bei den Flocken kernige (aus ganzen Körnern, unten Mitte rechts), zarte (aus Hafergrütze, das sind klein geschnittene, gewalzte Körner; im Bild oben links) und lösliche Schmelzflocken (aus Hafermehl gewalzt). Mischen Sie bei den Flocken einfach bunt durch: Neben Haferflocken schmecken auch Flocken aus Quinoa (unten Mitte links), Hirse (Mitte links), Gerste (Mitte), Dinkel (oben Mitte rechts) sowie Reis (oben Mitte).

Haferflocken-Gemüse-Bratlinge

4 PERSONEN

1 Zwiebel · 200 g Karotten
200 g Lauch
¼ l heiße Gemüsebrühe
1–2 fein geriebene Knoblauchzehen
1 TL fein geriebener Ingwer
3–4 EL Petersilienblätter
(samt feinen Stielen;
frisch geschnitten)
100 g zarte Haferflocken
100 g kernige Haferflocken
(ersatzweise andere Getreideflocken)
2 Eier
100 g geriebener Käse
(z. B. Alm-, Bergkäse, Emmentaler)
1 EL Harissa · 1 TL Salz
1–2 TL Öl

ZUBEREITUNG

1   Die Zwiebel schälen und in feine Würfel schneiden. Die Karotten putzen, schälen und grob raspeln. Den Lauch putzen, waschen und in feine Streifen schneiden.

2   Zwiebel, Karotten und Lauch mit 50 ml Brühe in eine tiefe Pfanne geben, mit einem Blatt Backpapier bedecken und knapp unter dem Siedepunkt etwa 5 Minuten weich dünsten. Am Ende der Garzeit Knoblauch, Ingwer und Petersilie untermischen, das Gemüse vom Herd nehmen und abkühlen lassen.

3   Inzwischen beide Haferflockensorten in einer Schüssel mischen, mit den übrigen 200 ml heißer Brühe verrühren und einige Minuten ziehen lassen. Danach das abgekühlte Gemüse mit Eiern und Käse hinzufügen, mit Harissa und Salz würzen und alles zu einer gleichmäßigen Masse mischen. Etwa 20 Minuten ziehen lassen, dann bei Bedarf nochmals nachwürzen.

4   Aus der Masse mit angefeuchteten Händen 12 bis 16 Bratlinge formen und in einer großen Pfanne bei mittlerer Hitze im Öl auf beiden Seiten goldbraun braten. Herausnehmen und auf Küchenpapier abtropfen lassen. Dazu passen frische Salate und Dipsaucen. Je nach Vorliebe und saisonalem Angebot können Sie auch andere Gemüsesorten wie Zucchini oder Kürbis unter die Bratlingmasse mischen.

Müsliriegel mit Banane

ETWA 16 STÜCK

2 Bananen (geschält; ca. 250 g)
2 EL Honig · Salz
1 gestr. TL Frühstücksquark-Gewürz
(ersatzweise ½ TL Zimtpulver und
1 Msp. Vanillemark)
100 g kernige 5-Korn-Flocken
(ersatzweise andere Getreideflocken)
30 g Kürbiskerne
30 g VitalPower-Mix (ersatzweise
geschroteter Leinsamen)
50 g Rosinen
50 g getr. Cranberrys (ersatzweise
getr. Sauerkirschen, Gojibeeren
oder andere Trockenfrüchte)
50 g Cashewkerne (ersatzweise
andere Nusskerne oder Mandeln)
30 g Pistazienkerne

ZUBEREITUNG

1   Den Backofen auf 170 °C vorheizen. Ein Backblech mit Backpapier belegen. Die Bananen schälen, klein schneiden und mit Honig, 1 Prise Salz und Gewürzmischung in einem hohen Rührbecher fein pürieren. Flocken, Kürbiskerne, Powermix, Rosinen, Cranberrys, Cashew- und Pistazienkerne in einer großen Schüssel mischen. Den Bananen-Mix hinzufügen und alles zu einer gleichmäßigen Masse verrühren.

2   Die Masse auf dem Backblech zu einem etwa 15 x 30 cm großen Rechteck verstreichen und im Ofen auf der mittleren Schiene etwa 20 Minuten backen. Herausnehmen und abkühlen lassen, danach die Müsliplatte in Riegel schneiden und in eine gut verschließbare Dose füllen. Die Riegel sind gekühlt 1 bis 2 Wochen haltbar.

PRAXISTIPP

Ein frisches Müsli sorgt für einen guten Start in den Tag: Für 4 Portionen Apfel-Birnen-Müsli 450 g Naturjoghurt, 50 g Honig, Saft von 1 Orange und 1 EL Omega-3-Öl verrühren und mit ½ TL Frühstücksquark-Gewürz (siehe Müsliriegel) mischen. 1 Banane schälen und würfeln. Je ½ Apfel und Birne waschen, halbieren, entkernen, grob raspeln und mit Banane, 50 g Getreideflocken und 1 EL Rosinen unter den Joghurt rühren. Mit je 2 EL Nusskernen nach Wahl und frischen oder getrockneten Beeren bestreuen.

Frischkäse –
von säuerlich mild bis cremig

Frischkäse sind Käsesorten, die im Gegensatz zu vielen anderen Käsearten nicht oder nur sehr wenig reifen müssen. In Deutschland müssen sie gemäß Käseverordnung einen Wassergehalt in der fettfreien Käsemasse über 73 % aufweisen. Deshalb ist Frischkäse nur kurz haltbar und muss möglichst gekühlt gelagert werden. Verfeinert wird er oft mit Küchenkräutern und Gewürzen.

Er ist von mager bis Doppelrahm in allen Fettstufen erhältlich – dazu wird er je nach gewünschtem Fettgehalt mit Sahne versehen (in Deutschland üblich sind bis 10, 20 und 40 % Fett in der Trockenmasse). In den Rezepten wird meist Frischkäse der Doppelrahmstufe sowie Magerquark (unter 10 % Fett) verwendet – sie eignen sich für Brotaufstriche sowie Nockerl- und Fingernudelteige ebenso wie für Käsekuchen oder Quiches und Strudel. Idealerweise weist Frischkäse ein leicht säuerliches Aroma und eine cremige Konsistenz auf. Frischkäse enthält gut 10 % leichtverdauliches Eiweiß sowie reichlich knochenstärkendes Kalzium. Konzentriert und gesund: In einem 200-Gramm-Becher Frischkäse stecken die wertvollen Inhaltsstoffe aus einem Liter Milch.

Powerfrühstück mit Früchten

4 PERSONEN

300 ml Milch
2 geh. TL Frühstücksquark-Gewürz
(ersatzweise ½ TL Zimtpulver und
1 Msp. Vanillemark)
700 g Magerquark
6 EL Ahornsirup
(ersatzweise 3 EL Honig)
1 TL fein geriebener Ingwer
(ersatzweise einige Ingwertropfen)
3 EL Omega-3-Öl
8 EL Mango- und/oder Nektarinen-
würfel
4 EL Vital-Powermix (ersatzweise
geschroteter Leinsamen)

ZUBEREITUNG

1 Die Milch mit der Gewürzmischung in einem kleinen Topf verrühren und erwärmen, aber nicht kochen lassen.

2 Den Quark in einen hohen Rührbecher geben und die Gewürzmilch dazugießen. Den Ahornsirup, Ingwer und das Öl hinzufügen und alles mit dem Stabmixer so lange cremig pürieren, bis die Quarkmasse glänzt.

3 Die Fruchtwürfel mit dem Frühstücksquark mischen und in Schälchen verteilen. Zum Servieren mit dem Powermix bestreuen.

Bruschetta-Aufstrich & Harissa-Frischkäse

4 PERSONEN

FÜR DEN AUFSTRICH

50 ml Gemüsebrühe
15 g Bruschetta-Gewürz
(siehe Tipp)
250 g Frischkäse
(Doppelrahmstufe)
mildes Chilisalz

FÜR DEN FRISCHKÄSE

2 TL Harissa-Gewürz
2 EL heiße Gemüsebrühe
200 g Frischkäse (Rahmstufe)
Salz

ZUBEREITUNG

1 Für den Bruschetta-Aufstrich die Brühe in einem kleinen Topf erhitzen, vom Herd nehmen und das Bruschetta-Gewürz unterrühren. Etwa 2 Minuten quellen lassen. Dann mit dem Frischkäse verrühren (siehe Tipp) und mit Chilisalz würzen.

2 Für den Harissa-Frischkäse das Harissa-Gewürz mit der heißen Brühe sämig verrühren und den Frischkäse damit glatt rühren. Zuletzt mit Salz abschmecken.

PRAXISTIPP

Bruschetta-Gewürz gibt es mittlerweile fertig im Handel zu kaufen, es besteht meist aus einer Mischung aus Tomatenflocken, Mandeln, Knoblauch und vielen weiteren Kräutern und Gewürzen.

Falls Sie die Aufstriche sofort verwenden möchten, achten Sie darauf, dass das angerührte Gewürz erst gut abgekühlt mit dem Frischkäse verrührt wird. Andernfalls den Frischkäse in den Kühlschrank stellen, damit er streichfähig wird.

Schneller Käsekuchen

1 SPRINGFORM (26 CM DURCHMESSER)

200 g Butterkekse
125 g zerlassene Butter
300 g Frischkäse
250 g Magerquark
150 g Sahne · 2 Eier
1 Päck. Vanillepuddingpulver
1 TL fein geriebener Ingwer
1 TL abgeriebene unbehandelte
Orangenschale
150 g Zucker · Salz

ZUBEREITUNG

1 Den Backofen auf 175 °C vorheizen. Die Butterkekse in einen Gefrierbeutel geben, diesen verschließen und die Kekse mit dem Nudelholz zu Bröseln zerkleinern. Die Brösel in einer Schüssel mit der zerlassenen Butter mischen, dann die Bröselmasse gleichmäßig auf dem Boden der Springform verteilen und fest andrücken.

2 Den Frischkäse mit Quark, Sahne, Eiern und Vanillepuddingpulver mit den Quirlen des Handrührgeräts glatt verrühren und die Masse mit Ingwer, Orangenschale, Zucker und 1 Prise Salz würzen. Die Masse in der Springform verteilen und glatt streichen.

3 Den Kuchen im Ofen auf der untersten Schiene 35 bis 40 Minuten backen. Falls er zu dunkel wird, zwischendurch mit Alufolie abdecken. Den Kuchen aus dem Ofen nehmen und vor dem Servieren vollständig abkühlen lassen.

Parmesan –
Käse von edler Herkunft

Was wäre italienische Pasta ohne Parmesan? Der würzige Hartkäse ist besonders zum Reiben geeignet und wird aus Kuhmilch hergestellt. Während der langen Lagerung, die zwölf bis 72 Monate dauern kann, entwickelt sich sein typisch kräftiges Aroma. Achten Sie beim Kauf auf die genaue Bezeichnung: Der „Grana parmigiano reggiano" ist seit 1955 nach DOP (Denominazione d'Origine Protetta) herkunftsgeschützt – er darf nur aus den Regionen um Parma oder direkt aus Parma stammen. Er ist nicht zu verwechseln mit dem „Grana padano", einem aus der weiteren Poebene stammenden, ähnlichen Hartkäse.

Parmesan weist einen geringen Fettgehalt auf, da er aus teilentrahmter Milch hergestellt wird. Je reifer der Parmesan, desto niedriger ist sein Wassergehalt. Guter Parmesan besitzt ein kräftiges Aroma und verleiht Gerichten einen leicht nussigen Geschmack. In der Küche kommt er meist als würziges Topping zum Einsatz – egal, ob frisch gerieben oder in Späne geschnitten, roh oder zum Überbacken auf Gratin oder Lasagne. Parmesan eignet sich für Panaden, Füllungen und Bratlinge.

Parmesan-Crème-brulée

**4 FÖRMCHEN
(À 10 CM DURCHMESSER)**

125 ml Milch
125 g Sahne
50 g geriebener Parmesan
(ersatzweise andere Käsesorten
wie Brie oder Blauschimmelkäse;
falls Brie verwendet: 100 g)
1 gestr. TL mildes Thai-Currypulver
1 Eigelb · 1 Ei
mildes Chilisalz
heißes Wasser für die Fettpfanne
1–2 EL Zucker

ZUBEREITUNG

1 Den Backofen auf 150 °C vorheizen. Milch und Sahne in einem kleinen Topf auf-kochen und vom Herd nehmen. Den Parmesan mit dem Currypulver dazugeben und mit dem Stabmixer unterrühren. Dann Eigelb und Ei hinzufügen und untermixen, die Masse mit Chilisalz abschmecken und den Schaum abschöpfen.

2 Die Förmchen in die Fettpfanne des Backofens stellen und diese in den Ofen auf die unterste Schiene schieben. So viel heißes Wasser hineingießen, dass die Schälchen zu einem Drittel im Wasser stehen. Die Parmesanmasse auf die Förmchen verteilen.

3 Die Crème brulée im Ofen auf der mittleren Schiene 20 bis 30 Minuten stocken lassen, dabei mehrmals die Konsistenz prüfen. (Je nach tatsächlicher Hitze im Back-ofen und der Art der Förmchen variiert die Garzeit etwas.) Aus dem Wasserbad im Ofen nehmen und abkühlen lassen.

4 Die Crèmes gleichmäßig mit Zucker bestreuen und mit einem Flambierbrenner so lange flämmen, bis der Zucker goldbraun karamellisiert. Am Ende eines Menüs vor dem Dessert als Käsegang oder anstatt des Desserts als würzig-aromatischen Ab-schluss servieren.

Parmesankörbchen

4 PERSONEN

100 g Parmesan (am Stück)

ZUBEREITUNG

1 Den Parmesan fein reiben. Eine beschichtete Pfanne ohne Fett bei mittlerer Tem-peratur erhitzen. Nacheinander je ein Viertel des Parmesans als Kreis (etwa 12 cm Durchmesser) gleichmäßig in die Pfanne streuen und 2 bis 3 Minuten goldbraun schmelzen lassen. Die Pfanne vom Herd nehmen und die Parmesanhippe darin nur so kurz abkühlen lassen, bis sie noch elastisch ist, sich aber mit einer Palette lösen lässt.

2 Dann die Parmesanhippe herausnehmen und möglichst heiß in ein Glasschälchen drücken, dabei über den Rand stehen lassen. Die Parmesankörbchen abkühlen lassen und zum Servieren nach Belieben füllen. Allerdings immer erst zum Servieren füllen, sonst kann es aufweichen. Wie wäre es mit einem marinierten Blattsalat, Kräutersalat oder Avocado-Fenchel-Salat (siehe Seite 13) im Körbchen. Alternativ können Sie auch einfach nur Chips zum Knabbern oder Garnieren auf diese Weise herstellen.

PRAXISTIPP

Ein qualitativ hochwertiger Parmesan eignet sich pur sehr gut als Snack zu einem italie-nischen Aperitif: Dazu für 4 Personen von 500 g Parmesan (am Stück) die Rinde ent-fernen und den Käse in grobe Stücke brechen (nach Belieben ein spezielles Parmesan-messer dafür verwenden). Die Käsestücke auf einer Platte oder Tellern anrichten und mit 2 EL altem Aceto balsamico di Modena (ersatzweise Balsamicocreme) beträufeln.

Sellerie –
als Knollen oder Stangen

Egal, um welchen es geht, eines ist allen Selleriesorten gemeinsam: Sie bringen Würze ins Spiel! Denn im Sellerie stecken ätherische Öle, die nicht nur auf die Verdauung anregend wirken sollen … einen aphrodisierenden Effekt schrieb man dem Sellerie jedenfalls schon im Mittelalter zu.

Man unterscheidet drei Arten von Sellerie: den Stauden- oder Stangensellerie, den Knollensellerie sowie den eher unbekannten Schnittsellerie. Letzterer bildet nur eine dünne Wurzel und normale Blätter, die als Würzkraut verwendet werden. Knollensellerie und Stangensellerie enthalten reichlich Ballaststoffe und Vitamin K (wichtig für die Aufnahme von Kalzium aus dem Darm und für die Blut-gerinnung), Beta-Carotin und Kalzium.

Während Staudensellerie vor allem als Rohkost in Salaten und mit Dips glänzt, ist die Knollenvariante ein Muss in jedem Suppengemüse oder Saucenansatz. Darüber hinaus lassen sich aus der Knolle ein würziges Püree oder panierte Veggie-Schnitzel zaubern. Probieren Sie auch mal, aus den in dünne Scheiben gehobelten Sellerieknollen Gemüsechips herzustellen (siehe Seite 177 Step 5 ganz unten)!

Sellerie-Sticks mit Gorgonzoladip

4 PERSONEN

50 g zimmerwarmer Gorgonzola
2 EL warme Gemüsebrühe
200 g griech. Joghurt (10 % Fett)
mildes Chilisalz
1 TL gehackte Walnusskerne
4–6 Stangen Staudensellerie

ZUBEREITUNG

1   Für den Dip den Gorgonzola in einer Schüssel mit einer Gabel zerdrücken und mit der Brühe glatt verrühren. Den Joghurt untermischen und den Dip mit Chilisalz würzen. In eine Servierschale füllen und mit den Walnüssen bestreuen.

2   Den Staudensellerie putzen, waschen und in 8 bis 10 cm lange Sticks schneiden. Die Sticks auf eine Platte legen oder in eine Tasse oder ein Glas stellen und mit dem Gorgonzoladip servieren.

VARIANTEN

Rohkost mit Dips ist eine gesunde Vorspeise oder Partyidee, die schnell geht und mit beliebig vielen Saucen kombiniert werden kann. Probieren Sie dazu auch den Kräu-ter-Pesto-Joghurt (siehe Seite 104) oder Joghurt-Soja-Dip (siehe Seite 151). Für Roh-kost-Sticks eignen sich neben Staudensellerie auch bunte Paprika, Gurken, Karotten oder Radieschen.

ME175

Kartoffel-Sellerie-Püree

4 PERSONEN

500 g mehligkochende Kartoffeln
Salz · 200 ml Milch
350 g Knollensellerie
¼ Vanilleschote
je 20 g Butter und braune Butter
(siehe Tipp Seite 28)
mildes Chilisalz
Pfeffer aus der Mühle
frisch geriebene Muskatnuss

ZUBEREITUNG

1   Die Kartoffeln waschen und mit der Schale in Salzwasser weich garen. Abgießen, kurz ausdampfen lassen, möglichst heiß pellen und durch die Kartoffelpresse in eine Schüssel drücken. 100 ml Milch erhitzen und mit einem Kochlöffel unter den Kartoffelschnee rühren.

2   Den Sellerie schälen und in kleine Würfel schneiden. Die restliche Milch mit der Vanilleschote in einem Topf erhitzen und den Sellerie darin zugedeckt bei mittlerer Hitze etwa 20 Minuten weich schmoren. Dann die Selleriewürfel mit dem Garsud im Blitzhacker fein pürieren.

3   Das Kartoffelpüree mit dem Selleriepüree verrühren und die Butter und die braune Butter untermischen. Zum Servieren das gemischte Püree mit Chilisalz, Pfeffer und Muskatnuss abschmecken. Das Püree passt zu Rinderrouladen, Rinds- oder Kürbisrahmgulasch und anderen Schmorgerichten.

Eingemachter Selleriesalat

3 EINMACHGLÄSER (À ETWA ½ L)

1,4 kg Knollensellerie
120 ml Gemüsebrühe
(ersatzweise Salzwasser)
1 TL schwarze Pfefferkörner
1 TL Korianderkörner
3 kleine getr. rote Chilischoten
3 Stück Vanilleschote (à ca. ½ cm)
150 ml Weißweinessig
60 g Zucker · 15 g Salz

ZUBEREITUNG

1   Den Sellerie schälen, zuerst in ½ cm dicke Scheiben, dann diese in 1 ½ bis 2 cm große Stücke schneiden. Mit der Brühe in einen großen Topf geben, mit einem Blatt Backpapier bedecken und knapp unter dem Siedepunkt etwa 15 Minuten weich garen.

2   Den Backofen auf 200 °C vorheizen. Die Fettpfanne des Backofens auf die unterste Schiene schieben, etwa 2 cm hoch Wasser einfüllen und zwei Blätter Küchenpapier darauflegen. Die Gewürze gleichmäßig auf saubere Einmachgläser verteilen, den Sellerie darauf verteilen und alles fest einschichten. Nach Belieben noch einige Apfelspalten hinzufügen.

3   Für den Sud 400 ml Wasser mit Essig, Zucker und Salz in einem Topf aufkochen und noch heiß die Gläser randvoll damit auffüllen, der Sellerie sollte vollständig vom Sud bedeckt sein. Die Gläser verschließen und so nebeneinander in die Fettpfanne im Ofen stellen, dass sie sich nicht berühren.

4   Den Sellerie im Ofen auf der untersten Schiene 20 Minuten einkochen lassen. Dann herausnehmen und abkühlen lassen. Der eingekochte Sellerie hält sich bei kühler Zimmertemperatur (z. B. in der Speisekammer) etwa 6 Monate. Der Selleriesalat passt traditionell zu gebratener Ente oder Gans.

Rote Bete –
auch mal geringelt oder gelb

Die Rote Bete, auch Rande, Rote Rübe, Salatrübe oder Runkelrübe genannt, stammt ursprünglich aus Nordafrika und dem Mittelmeerraum. Schon in der Antike wurde sie als Gemüse und Heilpflanze kultiviert. Die charakteristische rote Farbe des Wurzelgemüses ist auf den Farbstoff Betanin zurückzuführen – tragen Sie beim Verarbeiten daher am besten immer Einmalhandschuhe. Aus Ernährungssicht ist die Rote Bete kalorienarm und liefert reichlich Mineralstoffe wie Kalium, Eisen oder Folsäure. Damit das Eisen aus der Roten Bete besser vom Körper aufgenommen werden kann, sollte man sie am besten immer mit etwas Vitamin C wie Zitronensaft zubereiten.

Sorgen Sie für Farbe auf dem Teller: Die Sortenvielfalt reicht von farblos (Weiße Bete) bis hellgelb (Gelbe Bete). Die Ringelbete sieht nicht nur etwas eleganter aus als ihre einfarbigen Verwandten, sie hat auch ein feineres Aroma. Auch wenn die meisten Rote Bete in der gegarten Version als Carpaccio, Gemüsebeilage oder Essiggemüse kennen, schmeckt die Knolle auch roh hervorragend. Ein ebenso würziges Aroma besitzen die knackigen Sprossen aus Rote-Bete-Samen.

Rote-Bete-Birnen-Drink

**4 DRINKS
(À ETWA ¼ L)**

400 g Rote Beten
2 große Karotten
1 Stange Staudensellerie
8 große, reife Birnen (1 ½ kg)
2 TL Omega-3-Öl
1 Spritzer Zitronensaft
1 Msp. abgeriebene unbehandelte
Orangenschale
1 TL schwarze Pfefferkörner
½ TL Fenchelsamen
1 Zimtstange

ZUBEREITUNG

1 Rote Bete und Karotten putzen, schälen und in kleine Stücke schneiden. (Dabei am besten mit Einweghandschuhen arbeiten!) Sellerie putzen, waschen und grob schneiden. Birnen waschen, vierteln und entkernen, die Birnenviertel in Spalten schneiden.

2 Rote Beten, Karotten, Sellerie und Birnen in der Saftzentrifuge entsaften. Dann das Öl, den Zitronensaft und die Orangenschale unter den Saft rühren.

3 Pfeffer und Fenchel in eine Gewürzmühle füllen und den Saft damit etwas würzen. Zum Sevieren den Drink auf Gläser verteilen und jeweils etwas Zimtrinde darüberreiben.

Rote-Bete-Cassis-Mousse

4 PERSONEN

1 mittelgroße Rote Bete (200 g)
Salz
1 ½ Blatt Gelatine
1 EL Rotweinessig
4 EL Cassislikör
mildes Chilisalz
100 g Sahne
Zucker

ZUBEREITUNG

1 Die Rote Bete waschen und die Blätter abschneiden, die Wurzel dabei nicht verletzen. Die Rote Bete in Salzwasser etwa 1 Stunde weich kochen. Während der Garzeit nicht einstechen, damit die Rote Bete nicht „ausblutet", frühestens nach 1 Stunde den Garpunkt testen. Die Rote Bete herausnehmen, noch heiß häuten (dabei am besten mit Einweghandschuhen arbeiten!) und etwas abkühlen lassen.

2 Die Gelatine in etwas kaltem Wasser einweichen. Die warme Rote Bete klein schneiden und im Blitzhacker mit Essig und Cassislikör fein pürieren. Das Ganze mit Chilisalz würzen und in eine Schüssel füllen.

3 Vom Rote-Bete-Püree 1 bis 2 EL in einem kleinen Topf erwärmen, die Gelatine ausdrücken und im warmen Püree unter Rühren auflösen. Anschließend die Gelatinemischung zügig unter das übrige Püree rühren. Das Püree abkühlen lassen.

4 Die Sahne halbsteif schlagen und unter das abgekühlte Püree heben. Mit Chilisalz und 1 Prise Zucker würzen. In Martinigläser oder kleine tiefe Teller füllen und im Kühlschrank fest werden lassen.

VARIANTEN

Diese herzhafte Mousse eignet sich ausgezeichnet als Vorspeise. Zum Servieren nach Belieben mit Meerrettichspänen, Salat, Grissini-Stangen, roh marinierter Ringelbete oder Rote-Bete-Chips garnieren. Für marinierte Ringelbete dünn gehobelte Scheiben mit 1 Spritzer Weißweinessig, etwas Öl, Chilisalz und Zucker würzen. Für Rote-Bete- oder Gemüsechips in dünne Scheiben gehobelte Rote-Bete-Knollen oder Knollensellerie in 130°C heißem Fett frittieren. Herausheben, auf Küchenpapier abtropfen lassen und mit Chilisalz würzen.

Register

5

Wegweiser zu den Sendungen

2016

Unser Autor

ALFONS SCHUHBECK

Der Meisterkoch, Autor und Unternehmer ist ein wahres Multitalent. In seinen Lehr- und Wanderjahren hat er seinen Horizont in Genf erweitert, in den Schmelztiegel Paris hineingeschnuppert und das Asien-geprägte London erkundet. Und von dort ein großes Wissen über Geschmäcke und Gewürze mitgebracht, die seiner bayerischen Küche etwas Besonderes geben.

© 2016 ZS Verlag GmbH
Kaiserstraße 14 b
D-80801 München

ISBN 978-3-89883-594-7
3. Auflage 2016

Projektleitung: Alexandra Gudzent
Rezeptküche: Monika Reiter, Gerlinde Hans
Redaktionelle Mitarbeit & Lektorat: Kathrin Gritschneder
Interview: Rudolf Bögel
Grafische Gestaltung: Melville Brand Design (Lars Harmsen, Florian Brugger), Georg Feigl
Porträtfotos: Stefan Braun
Foodfotografie: Susie Eising, Katrin Winner (Eising Studio | Food Photo & Video)
Foodstyling: Michael Koch
Illustrationen: Johann Brandstetter
Herstellung & Producing: Jan Russok
Druck & Bindung: aprinta druck GmbH, Wemding

Die ZS Verlag GmbH ist ein Unternehmen der Edel AG, Hamburg.
www.zsverlag.de | www.facebook.com/zsverlag

Willkommen bei Alfons Schuhbeck!

Alfons Schuhbecks Sternerestaurant „In den Südtiroler Stuben" liegt am historischen Platzl, im Herzen von München. Hier finden Sie auch seine Kochschule, sein Restaurant „Orlando" mit der „Orlando Bar", seinen Eissalon, seine „Sportsbar" sowie seinen Gewürz-, Tee-, und Schokoladenladen. Alfons Schuhbecks Produkte können Sie bequem im Onlineshop bestellen. Weitere Informationen erhalten Sie im Internet, telefonisch oder persönlich am Platzl.

Schuhbecks
Platzl 2
80331 München
Tel.: 089/21 66 90 -110
www.schuhbeck.de
www.schuhbeck-gewuerze.de

Auf den Geschmack gekommen?

Alfons Schuhbeck lüftet seine gesammelten Küchengeheimnisse. Hier gibt's 80 klassische Rezepte — und zu jedem einen ausführlichen Tipp vom Profi.

Alfons Schuhbeck
Meine Küchengeheimnisse
€ [D] 19,95
ISBN 978-3-89883-277-9

Andere Länder, andere Küchen-geheimnisse. Von mediterranen Gerichten bis zu exotischen Genüssen Asiens — 80 Rezepte mit (Erfolgs-) Geheimnis.

Alfons Schuhbeck
Meine Küchengeheimnisse 2
€ [D] 19,95
ISBN 978-3-89883-296-0

Gleich weiterkochen!

Jetzt überall, wo es gute Bücher gibt.